La ayuda viene a quien la acepta

La ayuda viene a quien la acepta

Juan Rodríguez

TALENTO
PUBLICACIONES
2025

Título: *La ayuda viene a quien la acepta*
Autor: Juan Rodríguez

I.S.B.N.: 978-84-129867-4-7

Edita: TALENTO Publicaciones (Samuel Juliá Cristóbal)
E-mail: info@talentopublicaciones.com
Web: www.talentopublicaciones.com

Las referencias bíblicas son de la Biblia *Nueva Versión Internacional*, salvo que se indique otra versión. En algunas secciones hago referencias cortas del folleto que ya he publicado *Cómo salir de las adversidades.*

Edición POD

Índice

Introducción

En algunas secciones de este libro narro cómo el Señor Jesucristo me libró de morir para que contara lo que ha hecho Dios en mi vida.

Al leer cada sección, usted podrá comprender mejor cómo Dios manifiesta su fidelidad con quienes dependen de Él.

El tema de este libro está dirigido a todos y cada uno de quienes deseen saber cómo tener éxito en medio de las pruebas y diferentes situaciones de la vida, desde la niñez, la juventud y así sucesivamente hasta la vejez.

Los pasajes bíblicos que acompañan a cada historia que contiene este material muestran la veracidad, respaldo y cumplimiento de las promesas de Dios en estos tiempos.

Cuando una persona ora con la fe y confianza de lo que pide en oración, y si está de acuerdo con la voluntad de Dios, lo va a recibir. Dios no puede negarse a dar cumplimiento a sus promesas. Por esta razón, las historias o testimonios impresos aquí son una realidad de la fidelidad de Dios a Su palabra y a cada uno que, de todo corazón, confía en Él.

Prefacio

Todos los seres humanos experimentamos diferentes circunstancias en periodos de tiempos variados y, cuando las situaciones son difíciles o muy difíciles, necesitamos ayuda para obtener la solución. Con la ayuda que acepté y sigo aceptando, y en medio de adversidades del diario vivir, una y otra vez he tenido victoria en lo relacionado con la salud, la economía, la educación, el trabajo, la familia, el uso de los talentos y situaciones generales. Aunque no todo ha terminado, la mayor parte del camino está recorrido y, con la ayuda que sigo aceptando, sé que lo que me falta por recorrer va a terminar en victoria total.

Capítulo 1
Comienzo de la aceptación y dependencia de Dios

Este es el período más largo de contar. Durante este tiempo, pasé de tener una vida destructiva a a una existencia más digna y exitosa. Esta forma de vida exitosa la he experimentado por mucho tiempo. Desde el momento del cambio, el éxito ha sido, es y seguirá hasta el fin mientras continúe aceptando y dependiendo del Señor Jesucristo.

Ataque de enfermedad
Antes de aceptar la salvación y ayuda que Jesucristo me ofrecía, cuando tenía alrededor de 22 años, fui atacado por una enfermedad. Los médicos no me daban mucha esperanza en el futuro.

Empezó la enfermedad como un ataque físico. Estuve enfermo por mucho tiempo. Los médicos me dieron varios meses de incapacidad. Para obtener una incapacidad de unos cuantos días, el paciente tenía que estar en un estado de salud muy delicado. El haber recibido una incapacidad de meses significaba que realmente estaba enfermo.

Estando en casa enfermo, por un lado deseaba morir, pero por otro no. Era demasiado joven y había mucho por delante que experimentar. Tenía sueños, sueños que nunca podría llegar a realizar. Mis condiciones de salud, sociales y económicas no me permitían llevarlos a cabo. El hecho de haber vivido en el campo durante la niñez, y bajo circunstancias difíciles, dio lugar a que mi confianza en mí mismo no fuera muy fuerte.

Estando incapacitado, y pensando que era tan joven y sin ninguna esperanza, a veces gritaba de angustia por el penoso vacío que me ofrecía la vida y que cada vez se hacía más agudo. Puedo creer que este ataque fue a causa de que yo respondí con indiferencia a lo que Dios ya me había estado diciendo de aceptar al Señor Jesucristo y vivir dependiendo de Él permanentemente.

En medio de todo esto, una vez una señora cristiana evangélica me envió unos libros. Entre los libros, envió el Nuevo Testamento. En medio de mi angustia y de mi enfermedad empecé a leerlo, y de repente, después de un poco de tiempo, el médico me quitó la incapacidad ya pude empezar a ir a trabajar y a las reuniones evangélicas.

El Señor Jesucristo había empezado a ayudarme. No solamente con convicción que yo necesitaba ser salvo; también empezó a darme sanidad física e interior a medida que leía El Nuevo Testamento y los libros cristianos e iba a reuniones en la iglesia.

La ayuda vino y la acepté

Cuando oramos en línea con la voluntad de Dios, Dios siempre contesta nuestra oración en el momento más adecuado. Yo creo que el 95 por ciento de las oraciones que he hecho han sido contestadas. Sin embargo, de unas cuantas no he recibido respuesta. Pero esto no es razón para que yo me desanime y desilusione, porque todo lo que he pedido de acuerdo a la voluntad de Dios, Él lo ha hecho.

La primera oración de acuerdo a la voluntad de Dios que Él me contestó fue cuando le pedí perdón y le pedí al Señor Jesucristo que entrara a mi corazón y salvara mi vida. *"Pues todo el que hace lo malo aborrece la luz y no se acerca a ella por temor a que sus obras queden al descubierto. En cambio, el que practica la verdad se acerca a la luz, para que se vea claramente que ha hecho sus obras en obediencia a Dios"* **(Juan 3:20-21)**.

Jesucristo desea que nos acerquemos a Él.

Jesucristo cambió mi lamento y esclavitud, llenándome de gozo, paz, alegría y seguridad interior, lo cual siempre ha estado en mi vida interior desde hace cerca de 50 años. *"Y conocerán la verdad, y la verdad los hará libres. Nosotros somos descendientes de Abraham, le contestaron, y nunca hemos sido esclavos de nadie. ¿Cómo puedes decir que seremos liberados? Les aseguro que todo el que peca es esclavo del pecado, afirmó Jesús. Ahora bien, el esclavo no se queda para siempre en la familia; pero el hijo sí se queda en ella para siempre. Así que, si el Hijo los libera, serán ustedes verdaderamente libres"* (**Juan 8:32-36**).

Es Jesucristo quien da la verdadera libertad.

Un día, cuando salí del trabajo a la hora de almuerzo, durante el corto tiempo libre que tenía, me senté en un prado y me puse a leer parte de un libro de los que la señora me había enviado. El libro explicaba cómo orar pidiéndole al Señor Jesucristo que lo salvara. Yo oré y lo hice con todo mi corazón. Desde ese día, y después de muchos años hasta hoy, la paz, el gozo y la seguridad interior que el Señor Jesucristo puso por su Espíritu Santo en mi espíritu o en mi vida interior no se han quitado.

Estas virtudes siempre han estado conmigo, en medio de los ataques y adversidades que se han presentado durante mi vida cristiana: El gozo, paz y seguridad interior que Cristo me dio cuando lo acepté continúan y es lo que me da fuerza para vencer y seguir viviendo mi vida cristiana con éxito.

Durante toda mi vida, desde que acepté y le pedí en oración al Señor Jesucristo que me perdonara, me salvara y me ayudara, una y otra vez, en medio de las circunstancias que se presentan, el problema que me atacaba antes de tener una vida con Jesucristo ha tratado de influenciar mi vida con ataques diversos. Estos ataques no son desde mi interior, sino exteriores. Pero cuando eso sucede acudo al Señor Jesucristo y Él, con su poder, me fortalece con el gozo, la paz y la seguridad interior que me dio cuando decidí depender de Él.

La vida con Jesucristo es una vida de éxito, con paz, gozo y seguridad interior, pero las adversidades y luchas exteriores no terminan. Hay que depender continuamente de Él, pidiendo la ayuda del Señor Jesucristo para estar y seguir en la victoria de la vida y la comunión con Él. Ésta ha sido una de mis experiencias en mi caminar con Jesucristo.

Poco tiempo después que empecé mi vida con Jesús

Una ocasión, antes de ser cristiano, refiriéndose a los niños de la época, oí decir a una parienta lo siguiente: "Estos en el futuro harán largos viajes, podrán visitar naciones que para nosotros son inalcanzables". En ese tiempo yo era muy joven, pero lo que decía mi parienta acerca de los niños me hacía pensar que se refería los niños cuando fueran adultos. Meditando en esto, yo razonaba que lo que mi parienta comentaba no era fácil de lograr. Todo eso eran pensamientos que iban y venían y se perdían en la desesperanza. Pensaba que jamás saldría de Colombia, que nunca cruzaría otras fronteras.

Siendo joven y nuevo en mi fe, como cualquier otro, buscaba un futuro. Un día salí del trabajo y caminé por algunas calles buscando una iglesia. Acostumbraba a pensar y reflexionar. A veces, pensaba acerca de la vida en el futuro y de lo que me esperaría. Por mis pensamientos pasaban viajes imposibles de realizar en esos tiempos.

En una iglesia encontré a un grupo de jóvenes que viajaban realizando seminarios y encuentros con otros jóvenes. El grupo era de diferentes culturas, nacionalidades y edades. Su director hablaba de la gran comisión y cosas importantes para la vida juvenil; también hablaba de las metas que se proponían realizar.

Cuando lo oí, me interesé mucho por las actividades que realizaban y empecé a buscar la manera de unirme al grupo. Parte de las actividades consistían en viajes, aventuras, riesgos, peligros, derrotas, caídas, levantadas y victorias. Pero después de todo, la meta era el éxito.

Trabajé un tiempo más, y luego quedé sin empleo. Más tarde me dediqué a buscar un oficio que me ofreciera mejores resultados y mejores condiciones de vida. Para entonces conseguir un empleo que llenara mis deseos y necesidades no era posible. La tasa de desempleo era muy alta y los que obtenían un trabajo eran personas que habían obtenido una educación profesional o de un oficio definido.

El nivel de mis estudios era muy bajo para entonces, razón por la que no me permitían obtener el empleo deseado. Después de todo, encontré un trabajo haciendo varios oficios; el sueldo era miserable, no me alcanzaba para todas las cosas más básicas. Trabajé varios meses y durante ese tiempo deseaba encontrarme de nuevo con el grupo con el que había tenido contacto. Mi deseo era unirme a ellos, pero había perdido el contacto y no sabía cómo poder encontrarlos. Después de un tiempo supe que el grupo iba a realizar unos seminarios de orientación, informando de cómo se podía ingresar a la organización de ellos.

Escuela de evangelismo

No me lo pensé mucho y decidí asistir a los seminarios. Al evento vinieron jóvenes de muchos lugares. Los temas eran variados, se hablaba de la vida práctica, las buenas costumbres y los buenos hábitos, en cómo desarrollarlos, vivirlos y transmitirlos a otros que tuvieran interés. Durante el evento se empezaron a notar las diversas circunstancias y lo que implicaba. Por ejemplo, había que levantarse a eso de las cinco de la mañana con una temperatura entre cero y diez grados. Había que ducharse con agua fría; después había que prepararse para el desayuno y las actividades de la mañana. Entre otras actividades, una consistía en reunirse con un grupo de cinco a ocho personas y tratar un tema de interés. Cada grupo tenía un moderador; también se practicaba deporte, se hacían excursiones a lugares de interés y cada uno debía prepararse lo más que fuese posible para causar el bienestar más alto de los otros o de toda persona con quien se tuviera contacto.

Como siempre se presentaban diferentes necesidades, existía la posibilidad de compartir cosas básicas, tales como jabón de baño, crema de dientes, champú, comida, dinero (si lo poseía), ropa, zapatos, lápices y todo lo que fuera posible.

Todo eso producía una experiencia de cristianismo verdadero y práctico. La vida cristiana no ha terminado, pero el éxito ha ido en aumento y seguirá en el mismo proceso cuando se presente la necesidad y dentro de lo posible.

Experiencias desde el principio

Aunque sea un creyente común, podrán ver por medio de las experiencias que les voy a contar que, aunque han venido ataques de diferentes índoles durante mi caminar con Cristo, los ataques no me han derrotado. Esto es porque yo dependo del Señor Jesucristo y lucho contra los ataques, como la Biblia dice que hay que hacerlo. Esto no es solamente para mí; es también para todo el que lo desee y lo haga.

Esta lucha para obtener la victoria no es solamente para lideres espirituales. No hay que necesariamente ser un líder espiritual para vivir en la victoria. Hay que vivir en la dependencia absoluta de la ayuda del Señor Jesucristo para lograr mantenerse firme. Esto es así, independientemente del nivel espiritual en el que se encuentre una persona.

Aunque han pasado muchos años, sigo adelante con el Señor, predicando cuando tengo la posibilidad, ayudando en la iglesia cuando es posible, cantando para el Señor y para que la gente sea bendecida. Sigo viviendo mi vida cristiana en medio de lo que se presente, pero seguro de la victoria con la ayuda del Señor Jesucristo y con la confianza de que esto seguirá así hasta el fin.

Comentario importante

Hablando de milagros, una vez una señora comentó algo muy importante. Dijo que para ella era fácil oír testimonios que están al alcance de todos. Parte del motivo de compartir testimonios variados es porque existe variedad entre las personas que van a recibirlos. A algunos les resultan fáciles los testimonios de gran impacto. Como uno que ella compartió. Dijo el testimonio de un pastor que compró una emisora por 150 mil dólares y que luego la vendió por un millón y medio.

Es muy importante un testimonio como éste, pero no a todos les resulta útil saber de testimonios como tales. Un ejemplo es la señora a la que menciono anteriormente.

Los dos estábamos de acuerdo en que leer o escuchar las soluciones de sucesos cotidianos por medio de milagros nos produce ánimo. Esto es lo que deseo que pase también con el lector o el oidor de este material.

Viviendo en la práctica las bendiciones bíblicas

Después del entrenamiento en la escuela bíblica, empecé a experimentar, en la práctica, las promesas y bendiciones que Dios promete en la Biblia.

Tiempo en Colombia. Dios dice que de tal manera amó al mundo que envió a Jesucristo a morir por nosotros (*cf.* **Juan 3:16).** En **Romanos 3:22-26 se** habla de la salvación que tenemos en Jesucristo: *"Esta justicia de Dios llega, mediante la fe en Jesucristo, a todos los que creen. De hecho, no hay distinción, pues todos han pecado y están privados de la gloria de Dios, pero por su gracia son justificados gratuitamente mediante la redención que Cristo Jesús efectuó. Dios lo ofreció como un sacrificio para obtener el perdón de pecados, el cual se recibe por la fe en su sangre. Así demostró su justicia, porque a causa de su paciencia, había pasado por alto los pecados pasados. Lo hizo para demostrar en el tiempo presente su justicia. De este modo Dios es justo y, a la vez, el que justifica a los que tienen fe en Jesús".*

No necesitamos hacer un esfuerzo humano para alcanzar la salvación. Por otra parte, **1 Corintios 6:9-11.** nos muestra el perdón de Dios para con los trasgresores: *"¿No saben que los injustos no heredarán el reino de Dios? ¡No se dejen engañar! Ni los inmorales sexuales, ni los idólatras, ni los adúlteros, ni los sodomitas, ni los homosexuales, ni los ladrones, ni los avaros, ni los borrachos, ni los calumniadores, ni los estafadores heredarán el reino de Dios. Y eso eran algunos de ustedes. Pero ya han sido lavados, santificados y justificados* *en el nombre del Señor Jesucristo y por el Espíritu de nuestro Dios".*

Unos hemos pecado de una forma, y otros de otra, pero todos hemos pecado contra Dios. **Romanos 3:23** nos enseña que todos necesitamos el perdón de Dios y la salvación que Jesucristo da: "pues todos han pecado y están privados de la gloria de Dios".

Los anteriores pasajes bíblicos fueron partes de La Palabra que el Señor Jesucristo usó para mantener firme mi estadía en su reino.

Un buen día el Señor Jesucristo me llenó de su salvación, dándome un gozo y una paz que solamente quien los experimenta puede entender un poco, ya que es maravilloso e indescriptible, como ya he mencionado. Después de muchos años, ese gozo, paz y seguridad que experimenté han sido algo que ha permanecido en mi vida hasta hoy. ¡Cómo no contar estas cosas a otros!

"Vayan por todo el mundo y anuncien las buenas noticias a toda criatura. El que crea y sea bautizado será salvo, pero el que no crea será condenado" (**Marcos 16:15-16**).

Cosas prácticas que Dios usa

En algunos casos hay que ser insistentes y perseverantes usando principios tales como el ayuno y el apoyo de otros creyentes. Puede ser la ayuda de las personas que están en responsabilidad en la iglesia con la cual uno está relacionado o algún creyente con quien uno se relaciona. Si en la familia hay creyentes, ellos son un apoyo enorme para orar juntamente. Aunque no siempre tienen el tiempo, no obstante, se les puede preguntar y pedir ayuda para que lo/la acompañen en un día de ayuno y oración por la situación que se presente. Hay variación en la respuesta a lo que se ora. Como verán en los testimonios, en algunos casos la respuesta llega casi inmediatamente.

Familiares salvos

"Cree en el Señor Jesús; así tú y tu familia serán salvos" **(Hechos 16:31).** Después de que acepté al Señor, Él cumplió esta promesa en mi vida. De una u otra forma, había sembrado semillas del Evangelio en mi familia.

Él me llamó a evangelizar. Salí de Colombia la primera vez y mi hermano aceptó al Señor Jesucristo como su Salvador. La segunda vez que salí lo hizo una hermana. Luego salí yo nuevamente y lo hizo mi otra hermana; por último, mi hermana menor también fue salva, también después de haber salido yo del país.

Hoy, casi todos mis sobrinos y familiares más cercanos son salvos, y otros han recibido el mensaje y van camino a la salvación.

Capítulo 2
Intervención del Espíritu Santo proporcionando soluciones

Experiencias importantes

Son experiencias variadas que viví en diferentes tiempos, formas y lugares en los países que he tenido la posibilidad de visitar o vivir por algún tiempo. Sin la intervención del Espíritu Santo proporcionando soluciones, en absoluto o habría logrado obtener las soluciones que he experimentado.

Empezar a los 22 años y llegar a la época de la madurez teniendo éxito en aspectos importantes de la vida es algo que deja un sentimiento de triunfo y de enorme satisfacción. Lo mismo produce el hecho de salir y llevar a otros el mensaje del amor de Jesucristo por lugares cercanos y lejanos.

El mismo triunfo y satisfacción continúan en aumento a medida que pasa el tiempo y que realizo las actividades de hablar a otros de mis experiencias con el Señor. Es muy satisfactorio compartir el mensaje de salvación con las personas que reconocen que necesitan ser salvos por la obra redentora del Señor Jesucristo.

Dios tiene variedad de formas de trabajo. A unos llama a sembrar y recoger; a otros, solamente a sembrar las Buenas Nuevas de salvación (*cf.* **Juan 4:37).** En cuanto a mí, soy un sembrador que no sabe la cantidad que otros han recogido por la siembra que he hecho. Comparativamente, los que sembramos somos la gran mayoría. Me alegro por los que han recogido lo que otros hemos sembrado haciendo que la viña del Señor se aumente.

Evangelizando en Medellín

Deseoso de contar a otros lo bueno de mi vida que experimentaba, una vez evangelizando en Medellín, junto con otro muchacho, teníamos que salir. Llovía, y cuando estábamos en la calle, oramos en relación a la lluvia para no mojarnos. De pronto, empezó a llover alrededor nuestro, pero no sobre nosotros.

En ese tiempo, yo empezaba a evangelizar, lo mismo el otro muchacho, y el Señor nos dio una prueba de su fidelidad. Dios es poderoso para hacer cosas sobrenaturales. ¡Qué maravilloso es el Señor Jesucristo! El Señor hace milagros (*cf.* **Marcos 16:17).**

¿Una persona real o un ángel?
Después de trabajar un tiempo en Colombia bajo la convicción de salir a otros países, viajé a Perú vía Ecuador y seguí al sur del continente.

Estando en la estación de buses de Lima, una mañana, no habiendo desayunado y después de haber estado pensando en la historia de la moneda en la boca del pez, vino un hombre a ofrecerme desayuno. Sin que esa persona supiera que yo deseaba desayunar, cuando llegó me preguntó si quería desayunar. Con convicción acepté y, después de terminar, él pagó y se fue. Nunca supe si fue una persona real o un ángel que Dios usó para proveer mi desayuno ese día. Según vemos en **Marcos.1:13,** los ángeles sirvieron a Jesús, por lo que debemos entender que están en acción: *"y allí fue tentado por Satanás durante cuarenta días. Estaba entre las fieras y los ángeles le servían".*

La tormenta pasó y nosotros permanecimos firmes
Estando en la ciudad de Punta Arenas en Chile tuvimos un tiempo hermoso de evangelismo, y también de compartir con los hermanos, los cuales nos habían recibido en su iglesia. Como cantábamos en conjunto, una tarde vino la televisión local y el diario nacional a entrevistarnos. Luego anunciaron por estos medios lo que hacíamos, entregando de esa forma el

Evangelio a los que veían la televisión y a los lectores del diario.

Un día, cuando salimos a visitar hogares, se desató una tormenta de viento enorme. Teníamos que agarrarnos de los postes o los árboles para que el viento no nos tumbara. En algunos casos, derribó los postes del alumbrado eléctrico, pero gracias a Dios, Él nos guardó y todos salimos ilesos. Jesús tiene poder sobre la naturaleza (*cf.* **Mateo 8:26; Marcos 6:51).**

La chica encontró algo que deseaba

Estando en Brasil, una vez una chica deseaba comerse un banano, pero no tenía plata para comprarlo, así que decidió orar que el Señor le proveyera uno.

En el lugar donde oraban, en intercesión, ella continuó orando por lo que debían orar. Para su sorpresa, un momento después de que había orado por la provisión del banano, caminando encontró un banano en el piso. De lo que se sabe, habría sido muy difícil que alguna persona hubiese tirado un banano en el lugar donde la chica lo encontró. Dios es detallista. *"Deléitate en el Señor y él te concederá los deseos de tu corazón"* (**Salmo 37:4),**

Dios cumple los deseos que van con su voluntad. Testimonios sencillos como estos me han producido ánimo y alegría.

Sueños

En noviembre 10 de 2010 tuve un sueño. Consistía en que yo caminaba rápido e iba a decirle a mucha gente que iba a orar porque Dios siempre me ha contestado mis oraciones. En el sueño le explicaba a la gente que Dios siempre me había contestado mis oraciones, que eran de acuerdo con la voluntad de Dios. Les decía que yo había orado por cosas por las que no había recibido respuesta, pero que eso eran peticiones que no estaban de acuerdo con la voluntad de Dios. **Hechos 2:17-18** dice: *"los ancianos soñaran sueños"*. El 14 de febrero del

2024 tuve una convicción que el sueño se cumple cuando la gente lea estos escritos.

Provisión para practicar el idioma estando en Suecia

En marzo de 1989, alguien en la familia había orado para que yo encontrara a alguien con quien pudiera practicar el sueco. Unos días después, fue una señora a la academia donde yo estudiaba a informar que quien deseara podía ir a la Cruz Roja a practicar el idioma, porque cada día, durante varias horas, había personas disponibles para atender a los que fueran a practicar el idioma hablado.

Como yo quería hacerlo, fui y pregunté si podía ir todos los días, cuando estuviera abierto. Me dijeron que si podía hacer eso. Ahora puedo comunicarme en sueco sin muchas dificultades. Hay que pedir con fe sin dudar nada (*cf.* **Santiago 1:6**).

Orar en gratitud

El Espíritu Santo nos puede guiar a que tengamos en cuenta en oración a todos los lideres espirituales en todas partes (*cf.* **Hebreos 13:7**). A principios del milenio, sentí que debería empezar a orar en gratitud al Señor Jesucristo por algunos de ellos. Algunos ya han pasado a la eternidad, como Billy Graham, entre otros. Oré y oro por pastores locales; es una convicción de Dios para que ore por ellos. *"Pues cuando estábamos con ustedes les advertimos que íbamos a padecer sufrimientos. Y así sucedió"* (**1 Tesalonicenses 3:4**).

Dios desea que seamos agradecidos con los que trabajan en su reino.

No fueron casualidades

En agosto del 2008, sentí la necesidad de orar por mi hermano. Era un lunes, lo llamé y le pregunté si había necesidades. Me dijo que si, que había hablado con algunos de la iglesia que pastoreaba porque estaban pasando circunstancias difíciles. Oramos por teléfono y luego sentí paz después de orar.

Algunos días antes me desperté temprano y no podía dormir. Prendí el ordenador, abrí el correo electrónico y mi hermana menor se comunicó conmigo. Hablando de una cosa y otra, salió que había necesidad de orar por algunas situaciones en la iglesia. El Señor nos dirigió a compartir y orar por casi una hora.

No creo que fuera una casualidad, sino que el Espíritu Santo sabía que necesitábamos orar por las situaciones en que la iglesia estaba atravesando. **Juan 16:13** dice que _"cuando venga el Espíritu de la verdad, él los guiará a toda la verdad"_. Él nos hará saber las necesidades que se presentan.

Un hermano es ministrado

En un grupo de oración, a fines de noviembre del 2009, un hermano manifestó algunas necesidades. Oramos, y al terminar la oración, sentí darle dos capítulos cortos de la Biblia. Le dije que, si se acordaba, cuando llegara a casa leyera el capítulo 26 y 27 del libro de los Salmos.

Él lo hizo y, al día siguiente, se encontró con una hermana de la iglesia y le dijo que él estaba muy agradecido conmigo, por los capítulos que yo le había dicho que leyera, porque habían ministrado mucho su ánimo y su vida espiritual.

Me encontré con esa hermana, pero antes de que ella me manifestara lo que el hermano le había dicho, yo había sentido que este hermano le había comentado algo positivo acerca de los capítulos de los Salmos que yo le había dicho que él leyera y que ella me lo iba a decir. Según vemos en **Romanos 8:27**, el Espíritu Santo nos da las convicciones de lo que debemos orar: _"Y Dios, que examina los corazones, sabe cuál es la intención del Espíritu, porque el Espíritu intercede por los creyentes conforme a la voluntad de Dios"_.

Fuerte convicción

El 19 de julio del 2009 hubo un momento en el que sentí

una fuerte convicción de orar por alguien en la familia y también vino a mi pensamiento que él manejaba un vehículo. Oré por protección.

En la noche otro familiar se comunicó con él por teléfono y él le dijo que cuando manejaba el vehículo, en el que viajaba junto con otros 3 conductores, un rayo cayó muy cerca de ellos, que era tan cerca que hasta podían ver que salía humo del árbol donde había caído.

No anoté la hora, pero lo más seguro fue que oré, si no en el mismo instante que sucedía, antes de que sucediera. El Espíritu Santo sabía de la necesidad de que orase por protección. Según **Romanos 8:14,** podemos ser guiados por el Espíritu Santo: *"Porque todos los que son guiados por el Espíritu de Dios son hijos de Dios".*

La explicación fluía

A mediados de julio de 2009, yo necesitaba explicarle algo a alguien, pero no sabía cómo. Oré que el Espíritu Santo me ayudara a saber cómo explicarle. Cuando llegó el momento de hacer eso, la explicación fluyó y lo que se explicaba se realizó como debería ser, causando satisfacción.

Casos como estos he experimentado bastante continuo y en situaciones variadas. Según nos muestra el **Salmo 73:24,** el consejo de Dios nos guía hacia decisiones correctas: *"Me guías con tu consejo y más tarde me acogerás en gloria".*

Decisiones en Colombia

En la última semana de noviembre de 2009, sentí llamar a Colombia. Hablé con una de mis hermanas sin saber que esa tarde iban a reunirse para tomar decisiones.

Ella me comunicó acerca de las decisiones que necesitaban tomar y me pidió mi opinión sobre lo que pensaban hacer. Sentí del Señor decirle que hicieran como estuviera en su convicción. Oramos por eso y yo fui tan animado en el Espíritu como ella; luego hablé con mi hermano sobre lo mismo y había unanimidad de lo manifestado.

Unos días después yo necesitaba comunicarme con mi hermano para hablar algo relacionado con lo anterior. Sin saber dónde se encontraba él, pensé llamar a la casa de mi hermana. Lo hice y para mi sorpresa él estaba allá, ya que iban a tener otra reunión para tratar cosas del mismo tema del cual yo había estado pensando hablarle a mi hermano. El Espíritu nos encamina cuando estamos sensibles a las convicciones que vienen de Dios y le pedimos su guía.

"Señor, hazme conocer tus caminos; y enséñame tus sendas. Encamíname en tu verdad" **(Salmo 25:4-5).**

Cantidad exacta de fotocopias

Mientras trabajábamos en el colegio de Ljusdal, una ciudad al norte de Estocolmo, un día iba a tener la lección con un grupo del último año del bachillerato. En la lista de alumnos que estudiaría el tema tenía siete estudiantes. Yo había sacado 10 copias pensando tener algunas extras; al empezar la lección, llegaron justo 10 alumnos. Según **Salmo 25:9,** Él nos encamina en sus juicios. *"Él dirige en la justicia a los humildes, y les enseña su camino".* O como dice en **Proverbios 4:11,** nos hace andar en sabiduría: *"Yo te guío por el camino de la sabiduría, te dirijo por sendas de rectitud".*

Casa Marbella

Una persona de nuestra familia había vivido algo más de dos años en Tenerife cuando era joven. Viviendo en Suecia, ella tenía el deseo de que fuéramos a Puerto de la Cruz para mostrarnos, a otro familiar y a mí, el lugar donde vivió y los lugares que conocía.

En enero del 2010, como parte de la celebración de su 55 cumpleaños, hicimos arreglos para ir los tres a Puerto de la Cruz. Estando allá, dedicamos un día para buscar Casa Marbella. Este era el nombre de la casa en la que ella vivió. Hacía alrededor de unos 30 años que había estado ahí la última vez; no era fácil recordar dónde estaba situada la casa.

El día que la buscábamos viajando en el bus, ella reconoció una gasolinera. Así que nos bajamos del bus, pero no sabíamos por dónde continuar. Sentí una convicción fuerte de empezar a caminar por una calle sin tener idea de que esa era la calle de donde estaba situada la casa. Caminamos un poco cuando, de repente, mi familiar empezó a reconocer lugares y un poco después exclamó: "¡Allá está la casa!". El Espíritu Santo no se equivoca, Él sabe guiarnos y llevarnos a los lugares correctos (*cf.* **Gálatas 5:18**).

Los mismos versículos bíblicos

El sábado 15 de septiembre de 2012, antes de acostarnos, estuvimos orando en casa. Al final empecé a cantar lo que dice **Mateo 6:33** sobre que busquemos primero su reino. El domingo siguiente, en la lectura de la Biblia, al empezar la reunión en la iglesia, se leyó precisamente **Mateo 6:31-34**. El Espíritu Santo guía a una palabra específica a través de dos personas diferentes. Esto confirmaba que no deberíamos preocuparnos si buscábamos su reino.

Sin saber salí en el tiempo exacto

A finales del año 2012, un sábado fui a interpretar parte de la reunión de la iglesia. Al terminar la reunión, vi el reloj y decidí salir para tomar el bus a casa.

Sin saber a qué hora pasaba, caminé al paradero, tuve que caminar con mucho cuidado para no resbalarme, ya que estaba muy liso el camino por causa de la nieve congelada. Eso hizo que demorara más tiempo que si hubiera podido caminar normalmente. Llegué al paradero y, casi instantáneamente, asomó el bus que iba a tomar.

No era una coincidencia. Era la guía del Espíritu Santo. Él sabía que debía irme a la hora exacta por causa de la demora que ocasionaba el suelo resbaladizo. Si hubiera salido más tarde o más temprano, tendría que haber esperado el bus soportando el frío en el paradero. **Salmos 139:10** nos muestra que la mano de Dios nos sostiene y guía en tiempos necesarios: *"aun allí tu mano me guiaría, ¡me sostendría tu mano derecha!".*

Vacaciones tentativas

En la primavera del 2014 nos llegó una invitación para dos personas, para que viajáramos desde Estocolmo a Marche, en Italia. Incluía el viaje en avión ida y regreso para dos personas, tres noches de hotel, en habitación doble, desayuno para los dos, transporte desde el hotel para los dos y guías con intérpretes de sueco.

Todo era bastante tentador, pero cuando lo consideramos, mi esposa y yo tuvimos la convicción de no aceptarlo. Si lo hubiésemos aceptado siendo insensibles a nuestra convicción del Espíritu Santo, podríamos haber experimentado frustraciones y hasta graves dificultades. Pero gracias a Dios por ayudarnos a ser sensibles y a obedecer. Él nos guía por sus sendas: *"por vereda de justicia guiaré, por en medio de sendas de juicio"* **(Proverbios 8:20, RVR1960).**

Una fiesta importante

En el 2014, durante un fin de semana hubo una fiesta muy importante de cumpleaños. Me enviaron la invitación, pero durante casi todo el tiempo, no tenía la paz interior para asistir. Llegó el momento de decidir: ¿ir, o no ir?

Siendo que la falta de paz interior fue muy notable, opté por no asistir. Tan pronto que elegí esa opción, la paz interior se estabilizó. La razón por la que no había paz aun no la sé. Como se ha dicho antes en **Proverbios. 8:20,** Él nos guía por sus sendas.

El documento

En febrero del 2014 teníamos que llenar una solicitud relacionada con la economía y el arriendo del apartamento. Un par de días antes de que venciera el plazo para dejarla, sin saber que teníamos tan poquito tiempo, tuve la convicción de decirle a alguien en la familia que llenáramos el papel.

Si no lo hubiéramos llenado para dejar la solicitud en tiempo, eso hubiera creado conflicto, pero creímos que fue el Señor que me dio la convicción de trabajar con ese documento, ya que al final quedó arreglado. Como se explica en **Salmos 25:9**, *"Él dirige en la justicia a los humildes, y les enseña su camino"*.

Necesitaba encontrar un término

En mayo de 2015, preparando una lección, necesitaba encontrar un término gramatical. Busqué y traté de averiguarlo en diferentes formas, pero no me era posible. Después de no saber qué más hacer, oré por solución. Tuve el pensamiento de buscar por Internet escribiendo el término. No demoró mucho para que encontrara la definición exacta que buscaba. Según **Jeremías 33:3,** si clamamos a Él, Él nos responde.

Pechuga de pavo

En la Navidad de 2015, estando en la ciudad donde vivía mi suegra, entre otras cosas, necesitábamos comprar una pechuga de pavo. En el supermercado miramos algunos alimentos y, cuando llegué a la sección de las pechugas, solamente había una. En épocas en las que se compran productos como el anterior es muy raro que al final solamente quede uno.

El Señor sabía de mi deseo de comer pechuga de pavo en Navidad. Dios me dio la convicción de ir a ese supermercado. Él había hecho que no se vendiera la única pechuga que encontré. Cosas pequeñas, pero importantes a la hora que se presenta la necesidad. **Salmos 37:4** nos muestra que Dios también se preocupa de cosas pequeñas: *"Deléitate en el Señor y él te concederá los deseos de tu corazón"*.

Llamé a mi hermano

En febrero del 2007 necesitaba un documento desde Aquitania (el pueblo donde nací) y no sabía con quién comunicarme para pedirle el favor de que me ayudara. Tenía un sentir de que debería llamar a mi hermano, lo hice y a la hora de la llamada Él estaba yendo a Sogamoso, que es una ciudad cerca de Aquitania. Cuando me contestó y me dijo que iba para ese lugar, me sorprendí, lo cual no debería haber hecho, pues era el Espíritu Santo que me estaba diciendo: "hazlo, llámale", lo cual es natural cuando somos sensibles a la convicción del Espíritu Santo. **Mateo 2:6** nos enseña que Él es el guía: *"de ti saldrá un príncipe que será pastor de mi pueblo Israel"*.

Esto es causa de gratitud al Señor porque, orando con ahínco y clamando a Él de corazón, el Señor contesta en su tiempo lo que le pedimos y lo que está de acuerdo a su voluntad.

Oración por libertad

Empezamos a orar. Sentí en el Espíritu que había pesadez y lucha mental. Dejé de orar como normalmente lo estaba haciendo y empecé a orar en clamor, en guerra espiritual, cantando cánticos de libertad, reprendiendo y resistiendo la frustración mental. Oré muy intensamente. Al final, estábamos alabando y adorando al Señor con toda libertad.

La pesadez fue destruida por el poder de Dios y se nos fue dada una libertad maravillosa para adorar y glorificar el nombre del Señor.

Por la presencia del Señor quedamos llenos de gozo y confianza. Esto sucede una y otra vez cuando oramos con intensidad.

Necesitamos ponernos la armadura de Dios (*cf.* **Efesios 6:10-20**) y proclamar eficazmente, para poder orar con libertad cuando vienen ataques en diferentes formas.

Palabras exactas en el tablero

Enseñando español en Mörsil (un pueblo en la parte central de Suecia), un día escribí una cantidad de ejercicios en el tablero. Cada alumno debería ir y dar respuesta a lo que había escrito. No había contado cuántos ejercicios debía escribir, pero debía de ser uno para cada alumno.

Para mi sorpresa, cuando ya sólo quedaba el último alumno, también quedaba el último ejercicio. Era como si lo hubiese contado muy cuidadosamente. El Señor es detallista y le gusta dar sorpresas. El Espíritu Santo, sin saberlo, me guió a escribir la cantidad exacta de ejercicios. *"Así dice el Señor, tu Redentor, el Santo de Israel: «Yo soy el Señor tu Dios, que te enseña lo que te conviene, que te guía por el camino en que debes andar"* (**Isaías 48:17**) Esto refleja que Dios nos encamina por donde debemos ir.

No con fuerzas humanas

Un domingo, cuando nos disponíamos a orar, a algunos de nosotros nos vino un ataque de esos que suelen venir. Era difícil de resolver. Cada uno tenía opiniones diferentes y no llegamos a ninguna solución. Sentí del Espíritu Santo empezar a orar, proclamando ayuda del Señor. El Señor me guio a cantar el canto: *"No es con espadas ni con ejércitos sino por su Santo Espíritu..."*, en referencia a **Zacarias 4:6.**

Oramos un poco más y, cuando terminamos, el Señor Jesucristo me dio ideas para obtener la solución. Hablamos un poco sobre ellas quedando en paz y el asunto, que no se había podido resolver hasta ese momento, se solucionó más tarde.

Originalmente fue la convicción

Una vez fui con alguien más al supermercado a hacer compras. Ese día no teníamos esperanza de encontrar carne como queríamos y por el precio que deseábamos. Sin embargo, hubo un momento en el que, sin pensarlo mucho, le dije a quien me acompañaba que entráramos en un supermercado en el que no habíamos tenido la intención de entrar.

La razón era que íbamos a encontrar carne que deseábamos y por el precio que queríamos. No fue sorprendente encontrar la carne de la marca que queríamos por el precio deseado. Quien estaba conmigo me preguntó: "¿Cómo supiste que íbamos a encontrar la carne que queríamos?". Bromeando un poco, le contesté que era la intuición. Lo original era la convicción que el Espíritu Santo había puesto en mí. También Él deseaba darnos lo que buscábamos (*cf.* **Salmos 37:4.** y **Proverbios 8:20-21).**

Convicciones específicas para orar

Una y otra vez, el Espíritu Santo me ha hado convicción de orar cuando se presentan pequeñas y grandes circunstancias con diferentes personas.

Siendo que esto es algo que sucede bastante continuo y las circunstancias son variadas, en este párrafo solamente mencionaré algunas generalidades.

A veces he orado para que el Señor cambie alguna actitud o situación en alguna persona en particular. Entonces, el Espíritu Santo produce una convicción específica para que ore específicamente.

Las respuestas varían en tiempo. Una y otra vez hay respuestas rápidas, a veces se demoran más, pero siempre llega el momento en que me da la respuesta, lo que me causa admiración, pero a la vez es una oportunidad de expresar mi gratitud al Señor Jesucristo por responder a mis oraciones cuando están de acuerdo con la voluntad de Dios.

Libros pedidos

Empezando el trabajo en uno de los colegios, una de las cosas que había que hacer era pedir los libros que se necesitaban. Había más de una edición, y yo había empezado a trabajar con uno de esos libros.

El libro de la otra edición era más fácil de trabajar, pero no empecé con ese. Los libros que mandaron de la editorial eran de la edición del libro con el que ya había comenzado. El hecho de haber escogido el libro correcto, sin saber cuáles serían los libros que enviarían, hizo que ahorrara tiempo y evitó la frustración y el desorden que se hubiera causado al haber iniciado las clases con el libro equivocado.

Fue el Señor guiándome en los detalles. Como se explica en **Proverbios. 8:20-21,** Él nos guía por sus sendas y nos da lo que necesitamos.

Problemas con el transporte

El Espíritu Santo me ayudó para que yo no llegara tarde al trabajo, a los dos lugares diferentes en los que enseñaba. Según las noticias que se escuchaban de lo que pasaba con el transporte, informando de cambios que surgen, una y otra vez sucedía algo. Los retrasos o cambios sucedían por el lugar que no tenía que viajar.

Cuando viajaba por la vía occidental, el retraso o problema sucedía por la oriental, y cuando viajaba por la oriental, el posible problema del día sucedía por la occidental u otros lugares diferentes al que tenía que viajar.

El Señor es misericordioso conmigo. Según **Salmos 139:24,** Dios nos guía en el camino eterno y nos ayuda a salir del camino equivocado.

Cambio del cable

En marzo del 2006 un día había comprado un cable para conectarlo del ordenador al televisor. Logré obtener sonido en el televisor, pero no imagen.

Traté una y otra vez de encontrar la conexión, pero no logré obtener la imagen del ordenador en el televisor. Oré que el Señor me ayudara y fui al almacén donde compré el cable para hacer unas preguntas. Me dijeron que había otro cable; pregunté si podían cambiar el cable que ya había comprado, aunque no tuviera el recibo, pues lo había perdido, y me prometieron que sí lo cambiarían.

Tratar de cambiar algo sin recibo, si no se conoce a la persona, es algo imposible de hacer. Pero yo había orado y Dios es más grande que lo imposible. **Salmos 65:2 dice que** el Señor escucha la oración: *"Tú escuchas la oración, a ti acude todo mortal".*

Éxito en la predicación

Antes de hacer el viaje a Colombia a fines del 2006, pedí oración a varios hermanos para que el Señor protegiera a la familia que se quedaría en Suecia y para que la gente a quien Él me permitiera predicarles oyera y recibiera los mensajes de la Palabra de Dios.

También oré muy continuamente por lo mismo. El resultado fue patente. Todo funcionó con toda normalidad en casa en Suecia y la experiencia con la gente que vino a oír lo que Dios me dio para predicar fue maravillosa. La gente recibió la Palabra de Dios y eso fue causa de regocijo para ellos y para mí. Como hemos citado antes, **Salmos 65:2** nos muestra que el Señor escucha la oración.

La respuesta coincidía con la convicción

En febrero del 2007 trabajé enseñando en el colegio de la iglesia. Al llenar el informe, saqué una copia de consignación del banco y la olvidé allá sobre el escritorio del profesor a quien le hice el reemplazo.

El papel no tenía valor, pero el número de la cuenta y mi firma si tenían importancia. Aunque lo que quedaba era muy poco en la cuenta después de haber pagado las facturas de cada mes, no quería que alguien usara mi firma y el número de la cuenta para hacer algo que no se debe y que de pronto me quedara sin nada con que pagar las facturas del mes. Después de orar, sentí convincentemente que el recibo lo había dejado en el escritorio del profesor.

Cuando le pregunté al profesor para confirmar la convicción, la respuesta coincidía plenamente, pues lo había puesto el Espíritu Santo. **Juan 16:13** refleja que el Espíritu Santo hace saber todo lo que Él quiera. *"Pero cuando venga el Espíritu de la verdad, él los guiará a toda la verdad, porque no hablará por su propia cuenta, sino que dirá solo lo que oiga y les anunciará las cosas por venir"*. **Hechos 10:3-6,** donde se habla de la historia de Cornelio, nos recuerda que Dios habla de diferentes formas.

Solución con el programa de computación

Un día en el mes de febrero del 2007 estuve trabajando con un programa de computación. No sabía cómo era su funcionamiento, ni los detalles, y tampoco tenía un manual con la explicación. Pulsé uno y otro botón, y no era posible encontrar la manera de que funcionara.

Hice cambios en diferentes formas, pero no funcionaba. Me llevó bastante tiempo, y cuando ya no tuve más recursos, oré proclamando que el Señor me diera sabiduría de lo que debería hacer. Vino un pensamiento espontáneo; el pensamiento era que aplicara una nueva forma del uso del programa.

El detalle del programa cuyo funcionamiento me había costado tanto tiempo de encontrar ya no fue más un problema.

Desde que puse en práctica el pensamiento espontáneo que tuve después de orar, el programa funcionó con toda su normalidad, permitiéndome producir sin obstáculos lo que deseaba. El Señor Jesucristo es detallista, contestando oraciones que aparentemente son por cosas pequeñas, pero que en el momento de vivirlas, son bien importantes. Como antes se ha dicho, **Jeremías 33:3** nos enseña que, si clamamos, Él nos responde.

El ruido fue quitado inmediatamente

A fines de octubre del 2007, un día que había trabajado bastante y me sentía un poco cansado me recosté un poco. Fuera del apartamento estaban trabajando con algo que hacia un ruido ensordecedor. No podía descansar por causa del ruido, oré proclamando que el ruido se fuera a donde perteneciera. La máquina se apagó casi instantáneamente.

Un familiar y yo pensamos que era momentáneamente que se quitaba el ruido y que iban encender el motor nuevamente, pero clamé una vez más, dando gracias al Señor por haber quitado el ruido, y hasta unos días después del momento en el que escribí esta respuesta a mi oración, el ruido no ha regresado. Esta vez el Señor contestó mi oración inmediatamente y en el tiempo que yo lo necesitaba. *"En mi angustia invoqué al Señor; clamé a mi Dios por ayuda. Él me escuchó desde su Templo; ¡mi clamor llegó a sus oídos!"* (**Salmos 18:6**). Dios nos contesta aun cuando estamos en angustias.

Máquina de lavar

En el 2008, mi esposa y yo, hablando una vez con un pastor, salió que hacía tres años que no tenían máquina de lavar losa y eran como cinco personas en la familia. Al regresar a casa, mi esposa y yo oramos por este tipo de máquina para la familia de ese pastor. Cuando hablamos otra vez con él, salió que ya habían obtenido la máquina. Según leemos en **Mateo.7:11:** *"Pues si ustedes, aun siendo malos, saben dar cosas buenas a sus hijos, ¡cuánto más su Padre que está en los cielos dará cosas buenas a los que le pidan!"*. Dios es un buen padre y da buenas cosas a sus hijos.

Capítulo 3
Experiencias importantes cortas y variadas

Son experiencias que ayudan a tener un entendimiento más amplio de la fidelidad de Dios.

El florero

El 15 de noviembre de 2008 alguien de la familia y yo fuimos al mercado a buscar un florero que ella quería y que habíamos estado buscando, pero que no habíamos encontrado en ninguna tienda. En el mercado también buscamos y buscamos, pero no encontraba el florero deseado.

Sentí la necesidad de orar específicamente para que se encontrara un florero que fuera al gusto. Ella caminó un poquito mirado lo que exhibían, ya eran casi las últimas mesas de exhibición que faltaban por mirar. Casi inmediatamente después de que terminé de orar, ella me llamó y me dijo que había visto un floreo que le gustaba. Lo miramos y lo compró quedando satisfecha por el florero que había deseado tener. El Señor concede las peticiones de nuestros corazones (*cf.* Salmos 20:4).

Lista importante

Es frustrante cuando se le pierden a uno cosas y no las encuentra, aunque las haya buscado por todas partes. A fines de noviembre de 2008, se me extravió una lista de cosas importante que tenía que considerar. La busqué una y otra vez sin tener resultados de encontrarla.

Después de un tiempo corto, oré que el Señor me ayudara a encontrarla, fui directamente y levanté algunas cosas y vi que el papel con la lista estaba debajo. ¡Aleluya! **Salmos 88:1-2** nos anima a orar para que nuestra oración llegue a su presencia. *"Señor, Dios de mi salvación, día y noche clamo ante ti. Que llegue hasta ti mi oración; presta oído a mi súplica".*

Recomendación

A principios del 2009, cuando estaba haciendo gestiones de un trabajo, la organización en la que había solicitado me pedía una recomendación de alguien en Colombia. Había dado el nombre y número de teléfono de un pastor que me conoce. Trataron de comunicarse con él, pero no podían. Cuando llamé a la organización, me dijeron que posiblemente el número del teléfono era equivocado, pero que iban a tratar de comunicarse nuevamente. Al saber eso, me puse a orar y proclamar con todo el corazón para que pudieran comunicarse.

Cuando volví a comunicarme con la organización para saber si habían logrado contactar con el pastor, la respuesta que me dieron fue de que ya se habían comunicado y que la recomendación era satisfactoria. **Filipenses 4:6.** nos enseña que no debemos afligirnos por nada. Lo que necesitamos es ir al Señor para recibir la respuesta.

Llamada espontánea

A principios del semestre de 2016, cuando enseñaba en Dalarna, tenía que viajar temprano en tren. A veces por la presión del trabajo y la responsabilidad no podía dormir lo necesario.

Una mañana viajando en el tren me quedé dormido. El tren llegó a su destino (Sala) y no me desperté. Alguien había pensado enviarme un SMS, pero la convicción de llamarme fue mayor. La llamada me despertó. Salí del tren para continuar el viaje al pueblo donde trabajaba evitando que regresara a Uppsala dormido. Según **Isaías 63:12.**, Dios Nos guía por medio de otros.

Ayuda del Espíritu Santo

A mediados de julio de 2009 yo necesitaba explicarle algo

a alguien, pero no sabía cómo haría que el Espíritu Santo me ayudara a saber cómo explicarle. Cuando llegó el momento de hacer eso, la explicación fluyó y lo que se explicaba se realizó como debería ser y causando satisfacción. **Mateo 10:20.** nos muestra que no somos nosotros los que tenemos que hablar en casos que no sabemos qué decir: *"porque no serán ustedes los que hablen, sino que el Espíritu de su Padre hablará por medio de ustedes"*.

Unanimidad

En la última semana de junio del 2009, en un día de mucho calor en el verano, salimos con mi esposa al parque. Antes de salir me dijo que fuéramos al parque de la ciudad, pero antes de que ella me dijera eso, yo había estado pensando exactamente sobre el mismo lugar. Unos días después no sabíamos que preparar de comida. Nuestro hijo no iba a comer en casa. Entonces, alguien más en la familia me dijo que si salíamos a comer al restaurante; pero antes de que me dijera eso, yo había tenido convicción de salir a comer.

Un buen amigo se puso de acuerdo conmigo

A mediados del año 2009 experimenté una situación que sin la intervención de Dios no habría sido fácil. Yo había orado, pero no recibía respuesta. Venían momentos de desánimo, pero seguí orando, dando gracias al Señor por la respuesta.

Creo que Dios quería que dependiera de la ayuda en oración. Un día que orábamos con un buen amigo nos pusimos de acuerdo para orar por la situación de la cual yo por meses esperaba respuesta. No pasaron muchos días después de que oramos cuando obtuve la respuesta. **Mateo 18:19** dice: *"Además les digo que, si dos de ustedes en la tierra se ponen de acuerdo sobre cualquier cosa que pidan, les será concedida por mi Padre que está en el cielo"*.

Las nubes se retiraron

A fines de julio de 2009, iba una vez caminando hacia el supermercado. Yo había pensado que no iba a llover, por lo que salí con ropa nada adecuada contra la lluvia. Cuando ya había avanzado más o menos la mitad del camino, vi que unas nubes de esas grandes y negras se estaban acercando. Empecé a sentir goteras que caían. Empecé a orar y pedí que las nubes se retiraran y se fueran por otro destino. Un ratito después, las goteras cesaron y vi que las nubes empezaron a desviarse hacia un lado y que no pasarían por donde yo tenía que continuar mi camino para llegar al supermercado y de regreso a casa.

El Señor es maravilloso contestando oraciones en detalle cuando es su voluntad. **Santiago 1:6** muestra que hay que pedir con fe sin dudar nada y, si es la voluntad de Dios, seguro que recibimos lo que pedimos: *"Pero que pida con fe, sin dudar, porque quien duda es como las olas del mar, agitadas y llevadas de un lado a otro por el viento"*.

Como santificarse más

12 de septiembre de 2019. Esa madrugada yo soñaba que alguien preguntaba cómo uno se puede santificar más. Preguntaba si había que alabar más a Dios; otra persona daba la respuesta y la respuesta era que sí, que si había que adorar más a Dios. Que si había que leer más la Biblia; la respuesta era que sí, que sí había que leer más la palabra (La Biblia).

Si este sueño no es de Dios, aunque lo haya tenido una persona muy conocida e importante, no se necesita tomarlo en cuenta.

Pero si se considera que es un sueño con el que Dios quiere decir algo importantísimo como es la santificación, entonces debe tomarse muy en cuenta, aunque el sueño lo haya tenido la persona menos conocida y menos importante. La Biblia dice: *"Y en los postreros días, dice Dios, Derramaré de mi Espíritu sobre toda carne, Y vuestros hijos y vuestras hijas profetizarán; vuestros jóvenes verán visiones, y vuestros ancianos soñarán sueños; Y de cierto sobre mis siervos y sobre mis siervas en aquellos días Derramaré de mi Espíritu, y profetizarán"* **(Hechos 2:17-18, RVR1960).**

Que se diga, se publique y se anuncie este sueño a todo el que sea posible y que desee santificarse más.

Después de orar pudimos ver la película

Tenía que proyectar una película a los alumnos del último grado de la escuela básica. De tres videos, debían elegir uno. Uno era secular; los otros dos tenían contenido cristiano. Les di a elegir y, al azar, eligieron uno de contenido cristiano.

Cuando íbamos a empezar a verlo había sonido, pero no imagen. Aunque había pedido ayuda, pero nadie, por diferentes razones, me pudo ayudar.

Mientras buscábamos la ayuda de algunos alumnos, yo oraba muy bajito en lenguas por una solución. Oré de tal forma que los alumnos no oyeran y así evitar los cuestionamientos. Después de que terminé de orar, pedí si alguno de los alumnos podía pedir a alguien que nos ayudara, uno de ellos salió y preguntó al mismo profesor que me había dicho que no podía ayudar. Él le dio oídos al alumno, vino y apretó un botón y todo empezó a funcionar con toda normalidad. Si no hubiera orado pidiendo la ayuda del Señor, no hubiéramos podido ver la película., No necesité afligirme. Lo que necesité fue ir al Señor para recibir la respuesta: "No se preocupen por nada; más bien, en toda ocasión, con oración y ruego, presenten sus peticiones a Dios y denle gracias" **(Filipenses 4:6)**

Asiento en el tren

Estaba viajando de Uppsala a Mörsil (un pueblo al norte de Suecia). En el tren de Uppsala a Sundsvall me dieron un asiento que iba hacia atrás. Estos asientos resultan muy incómodos para mí cuando viajo lejos.

Al subir al tren al lado opuesto de mi asiento, vi que estaba uno desocupado que daba de cara hacia delante. Me senté, y más tarde, di gracias a Dios para que pudiera conservarlo todo el tiempo. Y el Señor me oyó. Nadie vino a sentarse. En el siguiente tren sucedió algo parecido también. **Romanos 8:28** dice: *"Ahora bien, sabemos que Dios dispone todas las cosas para el bien de quienes lo aman, los que han sido llamados de acuerdo con su propósito"*. Si amamos a Dios, todo nos sale bien, y en este caso así fue.

La tarjeta

El 18 de agosto de 2013 mi esposa y yo íbamos por unos días a un lugar cerca de Estocolmo. Cuando íbamos a salir, mi esposa sacó la tarjeta para viajar y dijo: *"Yo llevo esto"*. El Señor sabía que yo me había olvidado de la tarjeta y si ella no hubiera sacado y mostrado la suya, yo no habría podido viajar, siendo eso causa de frustraciones. Ella podría haber sacado otra cosa para mostrarme y decir que más llevaba, pero justo el Señor sabía que yo debería ver para recordar lo que había olvidado. **Proverbios. 8:20-21 indica que Dios** nos guía por sus sendas.

La presencia de Dios

El lunes 2 de octubre del 2017 compartí en sueco con un grupo algunas experiencias, entre otras mi testimonio de cuando fui bautizado en el Espirito Santo. El Señor ministró al grupo y se podía sentir en el ambiente la presencia de Dios de una forma apacible y maravillosa. Él nos da el Espíritu Santo y nos guía a toda la verdad (*cf.* **Juan 16:13-16)**.

Dios se preocupa de detalles mínimos

Una vez enviaron un vale para reclamar gratuitamente, en el supermercado por un kilo de patatas (papas). Me pregunté como podría pesar un quilo, eché las patatas a la bolsa, la puse en la báscula y pesaba un poco más de un kilo. Pensé, ¿qué patata voy a sacar para que quede el kilo? Saqué una al azar y volví a poner la bolsa de patatas en la báscula. Para mi sorpresa, la aguja indicaba sobre la raya mostrando que había exactamente un kilo de patatas en la báscula. Eso era como si hubiera cortado una de las patatas de tal forma que hubiera quedado el peso exacto, también hubiera podido sacar una patata más grande o más pequeña, desigualando de esa forma la exactitud del peso. Como muestra **Romanos 8:28,** a los que amamos a Dios, todo nos sale bien. En este caso así fue como en otros que he experimentado.

Trabajando con Excel

En cierta ocasión estuve trabajando con el programa Excel y deseaba insertar cuadros, pero lo había olvidado. Traté de hacerlo una y otra vez y no me fue posible.

Sentía que estaba gastando demasiado tiempo haciendo algo que no lograba. Hubo un momento en el que empecé a orar y dar gracias al Señor para que pudiera insertar los cuadros en la página que deseaba crear.

Después de haber orado, no demoró mucho tiempo cuando espontáneamente apreté algunos iconos. Vi que decía algo de insertar cuadros, probé y el resultado se volvió respuesta a la oración. Hice la página que deseaba en unos pocos minutos y sin dificultades. **Mateo 7:11-12** nos muestra que Dios es un buen padre da buenas cosas a sus hijos.

Victoria con el ordenador

El ordenador que usaba alguien en la familia no funcionaba correctamente. La experiencia era que había que gastar mucho tiempo arreglándolo para que funcionara nuevamente.

Oramos por que hubiese una forma de arreglarlo y el Señor envió a alguien que sabía cómo ayudar con eso. El muchacho lo arregló. El ordenador funcionó; gracias sean dadas al Señor por contestar la oración. **Salmos 65:2.** dice que Dios oye la oración: *"Tú escuchas la oración, a ti acude todo mortal"*.

El pasaporte

Yo necesitaba un pasaporte para poder viajar a Colombia. Para eso tenía que hacer varios trámites. Eso se demoraba mucho. Pero empecé a orar por la situación. Después el Señor obró de tal forma que los tramites fueron realizados.

Números perdidos y hallados

Una vez, después de buscar, no encontraba un papel con teléfonos importantes que había escrito. Lo busqué por muchos lugares. Cuando me di por vencido de seguir buscándolo, me puse a orar específicamente para que encontrara el papel.

En el momento menos pensado, revisé un lugar y sin ningún esfuerzo, apareció el papel con los números de teléfono que necesitaba. Cosas pequeñas, pero que importan mucho. El Señor es fiel contestando la oración en su tiempo. **Mateo 7:7** dice que quienes buscan a Dios encuentran respuesta: *"Pidan y se les dará; busquen y encontrarán; llamen y se les abrirá"*

Ejercitar la paciencia

Una vez extravíe un papel en el que tenía unos apuntes importantes. Lo busqué y oré, pero no lo encontré. Esta vez tenía que ejercitar la paciencia. Un día, con la mínima intención de buscarlo, revisando otros documentos en un archivador de plástico, vi que estaba el documento extraviado. Así recibí respuesta de la oración y ejercité la paciencia. Dios me ayuda en tiempos de tener paciencia (*cf.* **Salmo 118:6-7)**

Papel de secar las manos

Estando de vacaciones, una vez a la hora del desayuno fui a lavar mis manos en el lavamanos del baño cerca del restaurante del hotel.

Cuando tenía que secarlas, no sabía cómo cerca al lavamanos estaba una máquina que contenía toallas para secar las manos. Estas estaban escondidas dentro de la máquina. Sin apenas pensarlo, canté parte de un coro que dice: *"No hay problema tan grande que Dios no tenga la solución"*. De repente hice un movimiento involuntario con una mano, la maquina se abrió y salió una toalla para secar mis manos.

Aunque esto parece muy sencillo, lo que pude aprender es que no hay detalle que a Dios se le escape sin que él dé solución cuando está dentro de su voluntad. Al igual que se enseña en **Filipenses 4:19,** recibí lo que me faltaba: *"Así que mi Dios les proveerá de todo lo que necesiten, conforme a las gloriosas riquezas que tiene en Cristo Jesús".*

Llegó pronto

En cierta ocasión deseábamos que alguien llegara temprano a casa, pero por razones ajenas a su voluntad, no le era posible. Oré que el Señor le ayudara a regresar lo antes posible. No había pasado mucho tiempo antes de que la persona llamara diciendo que iba a regresar inmediatamente.

Llegó pronto. El hecho de haber recibido respuesta casi inmediata a la oración nos causó un sentir de descanso, éxito, alegría y bienestar. Como se puede ver en **Filipenses 4:4.** Dios nos manda a alegrarnos en el Señor: *"Alégrense siempre en el Señor. Insisto: ¡Alégrense!".*

Esperando el coche

Habíamos comprado una cama y esperábamos que llegara el coche para llevarla. Pasaba el tiempo y por una u otra razón se había demorado. Llegó un momento en el que sentí empezar a orar para que llegara o se comunicara el conductor. Pasaron unos minutos cuando, de repente, vi a alguien parecido a quien esperábamos. Pero no era alguien parecido; era él.

La oración fue contestada casi inmediatamente. Como muestra **Lucas 11:9,** hay que pedir y Dios nos da de acuerdo con su voluntad: *"Así que yo digo: Pidan y se les dará; busquen y encontrarán; llamen y se les abrirá".*

El ordenador no tenía suficiente memoria

Estuve trabajando con el ordenador. No tenía suficiente memoria, por lo cual compré más para instalarle. No lo había hacho antes, era algo nuevo. La primera vez que la instalé, la maquina no funcionaba; probé una y otra vez, pero la máquina no funcionó.

Oré pidiendo a Dios que encontrara a alguien que me ayudara. Más tarde pensé llamar a un técnico que conocía; él me recomendó hablar con otro técnico. Cuando hablé con él, me explicó cómo debería instalar la memoria correctamente. Volví a instalarla, probé el funcionamiento del ordenador y la oración fue contestada. La máquina funcionó. De esa forma practiqué y aprendí a instalar la memoria del ordenador. *"Pidan y se les dará; busquen y encontrarán; llamen y se les abrirá"* (**Mateo 7:7**). Esto nos hace ver que quienes buscan a Dios encuentran respuesta.

Fe para encontrar lo que buscaba

Un día necesitaba cortar una verdura, pero no encontraba el cuchillo para cortarla. Busqué en uno y otro lado, pero no lo encontraba.

Me vino un pensamiento convincente e instantáneo de que el cuchillo que buscaba estaba en el cajón de los cubiertos, lugar no común para poner los cuchillos de cortar. Una vez más el Espíritu Santo no se había equivocado, Busque en el lugar indicado y ahí estaba. Son detalles importantes para que no suframos frustraciones. **Deuteronomio 32:12** muestra que Dios guía a quienes creen en él: *"Solo el Señor lo guiaba; ningún dios extraño iba con él"*. **Isaías. 49:10** dice que por su misericordia nos guía: *"No tendrán hambre ni sed, no los abatirá el sol ni el calor, porque los guiará quien les tiene compasión y los conducirá junto a manantiales"*.

La presencia del Espíritu santo en la oración

En una ocasión, mientras orábamos, se sentía un ambiente de paz, quietud y seguridad. Era un ambiente hermoso y dulce, algo del Cielo. Había orado que el Espíritu Santo soplara como cuando sucedió en los *Hechos de los Apóstoles* en el aposento alto.

Una y otra vez, la presencia de Dios en la oración de alabanza, adoración y gratitud, a medida que ha pasado el tiempo, se ha estado manifestando de una forma continua y especial, produciendo una sensación celestial que no es fácil de explicar, pero que es algo maravillosamente hermoso experimentar.

Después de orar, dando respuesta, el Señor manifiesta el Espíritu Santo maravillosamente. Como sucede en **2 Crónicas 5:12-14** con la consagración del templo, la gloria del Señor se manifestó de una forma especial. Eso también vemos en **Hechos 2:1-11** que el Espíritu Santo se manifestó poderosamente en el lugar en el que oraban.

El Espíritu Santo produjo la convicción en el tiempo correcto

Un día que iba a ayudar en una conferencia debería llamar a alguien para saber si todavía me necesitaban. Llegó un momento en el que tuve la convicción de llamar a la persona responsable para preguntarle.

Al contestarme me confirmó que sí necesitaban ayuda. Yo no tenía auto para transportarme, ya que el lugar era distante en el campo. Él me dijo que me llamaría más tarde; no demoró mucho para llamar de nuevo y decirme que dos personas iban a viajar allá en 10 minutos.

Si me hubiese demorado unos minutos más, las personas del auto que me llevaría se habrían ido y no habría yo podido ir a ayudar, pero el Señor sabía de la necesidad y el tiempo. Así que el Espíritu Santo produjo la convicción en el tiempo correcto. **Salmos 139:24** indica que Dios nos guía en el camino y en el tiempo correcto: *"Fíjate si voy por un camino que te ofende y guíame por el camino eterno"*. **Jeremías. 2:6-7** refleja que Dios nos conduce en circunstancias diversas: *"Nunca preguntaron: '¿Dónde está el Señor que nos hizo subir de Egipto, que nos guio por el desierto, por tierra árida y accidentada, por tierra reseca y tenebrosa, por tierra que nadie transita y en la que nadie vive?'. Yo los traje a una* *tierra fértil, para que comieran de sus buenos frutos. Pero ustedes vinieron y contaminaron mi tierra; hicieron de mi heredad algo abominable".*

Oración en diferentes formas

A veces ha habido ataques de desconcentración antes de orar. Una vez proclamaba que Dios con su poder era el único que podía ministrarnos y ayudarnos y que el poder de Dios era el mismo en el presente como lo fue cuando Jesús y los discípulos resucitaron muertos y liberaron personas que si no hubiese sido porque el poder de Dios actuó no hubiera habido poder espiritual o humano que los hubiese liberado.

En el momento de proclamar en oración lo anterior, la presencia del poder Dios se hizo muy especial. Esto nos ha sucedido una y otra vez especialmente cuando vamos a orar. Hay ataques y luego victorias. **Efesios 6:18.** enseña que no debemos desanimarnos, sino más bien orar cuando vienen los ataques: *"Oren en el Espíritu en todo momento, con peticiones y ruegos. Manténganse alertas y perseveren en oración por todos los creyentes".*

Respuesta inmediata a la oración

En las noticias dijeron que un niño se había perdido el día anterior, que lo habían buscado intensamente y que no lo habían encontrado.

Después de que oí la noticia, nos pusimos a desayunar y le conté a mi familia la noticia del niño. Mi esposa oró que encontraran al niño bueno y sano. Todos estábamos unánimes con la oración que hizo. No nos habíamos levantado de la mesa cuando llegó la hora de las noticias nuevamente.

El noticiero casi repitió las palabras de la oración, diciendo que hacía un momento habían encontrado al niño bueno y sano. **Salmos 88:1-2** muestra que nuestra oración llega a su presencia cuando le pedimos ayuda a Dios: *"Señor, Dios de mi salvación, día y noche clamo ante ti. Que llegue hasta ti mi oración; presta oído a mi súplica"*

El culto se realizó en la forma que oré

Un día que me disponía a ir a la iglesia oré para que hubiera unción en la alabanza, la adoración y la predicación. También para que la gente no fuera atacada con sueño ni con cansancio, como a veces sucedía. El culto se realizó en la forma que oré; había unción y no vi gente cansada.

Juan 14:13-14 dice que el Señor nos dice que Él hará todo lo que pidamos y que sea de acuerdo con Él: *"Cualquier cosa que ustedes pidan en mi nombre, yo la haré; así será glorificado el Padre en el Hijo. Lo que pidan en mi nombre, yo lo haré"*.

Capítulo 4
El Espíritu Santo continúa interviniendo

Soluciones a una variedad de circunstancias que suelen presentarse en el diario vivir y que, tras obtener la respuesta no hay frustración.

Análisis y reflexiones acerca del Espíritu Santo

Qué importante es depender del Señor Jesucristo cuando las cosas no salen como se desean. Dios nos contesta de acuerdo con su voluntad, obrando a través del Espíritu Santo.

En Hechos de los Apóstoles vemos que los que aceptamos a Jesucristo también recibimos al Espíritu Santo (*cf.* **Hechos.1:8).**

Una escritura que nos habla muy claro acerca de la voluntad de Dios para una persona es **Hechos 13:2-3**. En este pasaje, vemos que el Espíritu Santo directamente eligió a dos discípulos y más tarde les manifestó lo que debían hacer.

En el Evangelio de Juan (*cf.* **Juan.16:5-16)**, también encontramos que el Espíritu Santo es el guía. En el versículo 13 dice: *"Cuando venga el Espíritu de la verdad, él los guiará a toda la verdad"*.

La cita anterior es una de las bases del tema. La enseñanza sobre la guía del Espíritu Santo se puede profundizar todo lo que se desee.

Este material le orientará a cerca de cómo obtener solución de los posibles problemas de desorientación en un momento determinado. Le ayudará a saber qué se necesita empezar a hacer.

La solución de cualquier inconveniente de la vida diaria es causa de triunfo, gozo, éxito y victoria. También produce armonía, confianza y seguridad interior.

Cuando se logra la respuesta, se produce una sensación de descanso y seguridad indescriptible.

Algunos principios prácticos

La proclamación en oración fervorosa y de corazón por la guía divina es muy importante, como dice el salmo. *"Puse en el Señor toda mi esperanza; él se inclinó hacia mí y escuchó mi clamor"* (**Salmo 40:1**). Esto es parte de lo que Dios quiere que hagamos para obtener la guía que Él desea darnos.

Estos principios se refieren más a actitudes. La actitud en todo tiempo, según **1 Tesalonicenses. 5:16 -18,** debe estar enfocada en la oración, en gratitud al Señor por que el Espíritu Santo se manifieste guiándonos.

La oración suplicante del corazón y en voz alta es muy efectiva. El **Salmo 130:2** dice: *"¡Escucha, Señor, mi voz! ¡atiendan tus oídos mi grito suplicante!"*.

La Palabra de Dios nos anima a poner toda nuestra confianza en el Señor Jesucristo. En **Mateo 6:33** nos anima a buscar a Dios y su justicia primeramente.

Dios tiene muchas formas de proveer soluciones. Dios premia los buenos deseos (las actitudes rectas) del corazón (*cf.* **Salmos 37:4**). La paciencia es una virtud maravillosa. Además, el Señor nos manda por medio del apóstol que tengamos paciencia (*cf.* **Santiago 5:8**).

Lo que dice **Mateo 7:7-8**, invitándonos a pedir para recibir, es aplicable en situaciones como las que se narran aquí. En este pasaje bíblico Dios no solamente quiere que pidamos, sino que también busquemos con paciencia y Él nos promete que recibiremos lo que buscamos.

Cabe decir que para tener respuesta hay que orar de corazón, golpear la puerta y buscar con un deseo profundo la guía del Espíritu Santo. Esperar con paciencia y confianza para obtener la respuesta a la oración.

En **Juan 14:15-20** encontramos la promesa de recibir al Consolador. Jesús promete enviarlo para ayudarnos.

La veracidad de las siguientes experiencias confirma este tema. Son evidencia de cómo el Espíritu Santo puede guiar en detalles a personas como usted y como yo, produciendo soluciones a circunstancias que se nos pueden presentar en cualquier momento.

Dios siempre muestra su fidelidad en cualquier circunstancia. Él quiere que dependamos de Él, buscando su auxilio, y que descansemos esperando la guía del Espíritu Santo.

Algo básico de lo que significa tener una relación profunda con el Espíritu

Hasta cierta medida, tenemos comunión con el Espíritu Santo, pero una profundización de esa relación no se logra si no se toman en cuenta algunas cosas básicas e importantes (*cf.* **Isaías 61:1, mateo 11:5, Lucas 7:22).**

Si no se busca una relación más íntima y profunda de nuestro espíritu con el Espíritu Santo, la comunión con Dios será bastante escasa.

La relación íntima y profunda de nuestro espíritu con el Espíritu Santo no es algo místico. Debe ser algo natural. Debe ser algo que causa sumo gozo, deleite espiritual y seguridad interior.

Las manifestaciones pueden variar. Pueden ser manifestaciones como hablar lenguas, alabanza y adoración intensa al Señor, una risa santa y controlada. El mismo Espíritu Santo lo hace entender cuando la relación íntima y profunda es original.

Tener una relación profunda con el Espíritu Santo es tener un deseo y actitud muy fuerte de que mi espíritu esté totalmente dispuesto, preparado, disponible, abierto… Es decir, con actitudes que sean causa de que el Espíritu Santo desee relacionarse con nuestro espíritu como, donde y cuando Él desea.

Para que esto suceda, hay que orar pidiendo que Dios nos ayude a tener una vida limpia, pura, santa…, agradecida y muy agradable al Señor todo el tiempo, las 24 horas del día.

Como no hemos alcanzado la perfección, necesitamos seguir dependiendo muy estrechamente de la ayuda del Señor. Especialmente debemos pedirle al Señor Jesucristo que nos ayude a tener durante las 24 horas del día la mente, la memoria y los pensamientos puros, santos y limpios para que el Espíritu Santo no encuentre obstáculos para relacionarse profundamente con nuestro espíritu (*cf.* **Salmos 104:34**).

El motivo debe ser que esa relación íntima y profunda sea para que el Espíritu Santo se deleite, goce y glorifique al Señor (*cf.* **Sofonías 3:17**). Dios se goza en su creación (*cf.* **Salmos 104:31),** pues somos parte de lo creado. Él lo hace amando y teniendo comunión con los que se lo permiten (*cf.* **Proverbios. 8:17**).

Debemos tener humildad, pensando y confesando al Señor que nosotros como humanos (tú y yo) no lo merecemos, sino que esa relación espiritual es por la misericordia, el amor de Dios y el sacrificio de Jesucristo en el Calvario y por su resurrección. Son estas cosas las que me dan derecho a este privilegio de poder profundizar mi relación espiritual con el Espíritu glorioso del Señor. Cuando lo anterior sucede, el Señor concede las peticiones de nuestro corazón (*cf.* **Salmos 37:4).**

Lo anterior es una base del tema, ya que se puede profundizar sin límites. Pero las experiencias que a continuación se describen son evidencia de como el Espíritu Santo pude guiar en detalles a quien sea produciendo soluciones a circunstancias de la vida.

La siguiente sección le ayudará a gozarse sabiendo los detalles a los que el Espíritu Santo puede guiar a alguien a realizar.

Testimonios: recibo de matrícula diccionario estando en Suecia

15 de octubre del 2000. Cuando estuve en España, hice un curso de cultura general a distancia en una universidad. Me dieron un recibo de matrícula con los nombres de los temas

escritos. Eso fue en el año 1983-1984. Después fui a Colombia vía Estados Unidos y Centro América. No arrojé el papel a la basura, sino que lo guardé y lo traje al venir a Suecia.

En realidad, no sabía que existiera una razón para haberlo guardado y de traerlo conmigo a Suecia desde Colombia.

Cuando terminé los estudios de los temas prácticos en la universidad y solicité estudiar pedagogía, uno de los requisitos era que había que tener un documento en el que constara que yo había realizado estudios en algún país de habla hispana durante 16 semanas. Pues para ese momento fue para el que necesité el recibo de matrícula que había guardado por unos 15 años y que había paseado por muchos lugares viajando. El Señor sabe nuestras necesidades y nos guía a hacer lo que debemos.

Parecido a lo anterior, ocurrió con un diccionario de lengua española que había comprado en España. También lo había guardado y llevado conmigo por diferentes lugares. Cuando empecé a enseñar español, resultaron algunas pequeñas preguntas de gramática. No sabía si debería llamar a mi exprofesor de gramática de la universidad para preguntarle acerca de las dudas que tenía, pero antes de decidirlo, oré y luego empecé a investigar en la parte de la gramática del diccionario y allí encontré la respuesta, despejando así la incógnita. En varias oportunidades como la anterior, el diccionario ha sido la salida a las preguntas que han surgido.

Convicciones del Espíritu Santo

5 de marzo del 2000. Anoche compartí con alguien en la familia que últimamente he tenido en el pensamiento la idea de un portón de metal lleno de óxido.

El portón se va a abrir poco a poco y muy despacio. No sé lo que hay detrás, pero la idea es que hay algo que va a tener mucho éxito. Va a ser un éxito espiritual, económico y ministerial. Hoy en la reunión dominical el pastor habló de que se va a abrir una puerta oxidada. En ese momento, no supe que relación había de las dos puertas. Es decir, la del pastor y la mía, pero cuando le oí hablar de la puerta fue bastante sorprendente que hablara de lo mismo. Ahora entiendo que no era algo solamente personal, sino que era para la iglesia también. En lo personal, he experimentado las bendiciones del Señor Jesucristo, una y otra vez, en diferentes áreas, poco a poco. Cuando hay soluciones a situaciones, es como si una puerta oxidada se abriera causando un ambiente de éxito.

13 de marzo del 2000. Hace algunos días estuvimos orando por evangelistas, pastores y maestros y por unidad en el cuerpo de Cristo. Ayer, en la reunión de la iglesia, el énfasis fue puesto en lo mismo que nosotros habíamos estado orando. También por la mañana, antes de levantarnos, estaba en mi pensamiento cantar un coro de alabanza; después en el culto lo cantaron y había mucha unción en la alabanza.

Mateo 18:19 nos enseña que cuando dos o más *"se ponen de acuerdo"*, Dios responde. Ahora hay evangelistas que atraen a cientos de personas en Suecia y muchos que evangelizan en las calles. Esto no ha sido común por mucho tiempo. La respuesta a la oración vino después de años y la puerta de hierro oxidada se está abriendo últimamente en este país nórdico. Ahora es el 2024 y sigue el auge de evangelismo en las calles. Las puertas del pastor y la mía se siguen abriendo ampliamente.

La convicción fue más fuerte que la decisión

El 16 de agosto de 2012 salí en bicicleta. Fui por unas vías que van al oriente de Uppsala. No habían anunciado lluvias. Parte del cielo estaba cubierto por nubes; algunas parecían de lluvia, se veía una bastante negra y grande, pero como no habían anunciado lluvias, no le di interés al tiempo.

Seguí en la bicicleta, di una vuelta y regresé a Uppsala, estando cerca de donde vivo. De repente, empezó a llover más y más fuerte. Me quedé debajo de unos árboles, creyendo que solo era una llovizna ligera. Empezó a llover más duro. Fui y me paré debajo de un árbol más alto que los anteriores; hasta entonces no había tronado. La convicción empezó a luchar con la decisión de si debería irme para estar debajo del alero de una casa o quedarme debajo del árbol.

La convicción de que debería irme fue más fuerte. Así que, en medio de la lluvia, obedecí a la convicción. Cuando llegué para estar debajo del alero, vino un estruendo de un trueno que me causó sorpresa.

Se sabe que estar tronando y estar al lado de un árbol es peligroso. No solo era el peligro de los truenos, sino que también lo que siguió del aguacero fue una tempestad que yo no recuerdo haber visto nunca entre las que se producen en verano en Uppsala.

La tempestad empezó después de estar en la entrada de un almacén que hay en la casa donde fui a refugiarme de la lluvia.

La convicción de que me alejara a tiempo del árbol fue puesta por el Espíritu Santo, ya que salí antes de que viniera el trueno, librándome así del peligro de haber podido atraer un rayo por estar ahí y también por estar bajo el aguacero. Qué importancia es obedecer a tiempo cuando entendemos que es Dios quien nos guía (*cf.* **Romanos 8:14).**

El propósito era no venir

A veces nos reuníamos un grupo de hermanos hispanohablantes para aprender unos de los otros y orar. En noviembre del 2009 un día vino uno de los hermanos. Su propósito era no venir ese día a la reunión. Empezando iban a orar por mí, acerca de mi trabajo, y yo sentí compartir algo de lo que sucedía.

Parte de mi trabajo era contestar cartas de personas que habían entregado su vida a Cristo o que pedían oración por diferentes necesidades.

Yo había leído una carta de alguien que estaba atacado con una enfermedad y escribía que él confiaba en el Señor y que, aunque Dios no lo sanara, él continuaba creyendo en Dios. También compartí acerca del caso de otra persona que escribió que tenía una rasquiña muy aguda y que era desesperante.

Cuando compartí sobre eso, el hermano que había pensado no venir al grupo manifestó que él se identificaba con esa persona porque él padecía de una alergia que le producía mucha picazón. Pregunté si podíamos orar por él y los otros convinieron.

Oramos y, aunque no se manifestó la sanidad en ese momento, no obstante el hermano recibió ánimo en diferentes formas y quedó muy agradecido por haber estado sensibles a su necesidad.

Unos días después nos encontramos en la iglesia y me dio gracias por haber orado. Me dijo que había sido de mucho ánimo. Como se apunta en **Romanos 8:14,** el Señor nos guía y de esa forma nos guarda de frustración.

El bus no venia

A fines de septiembre del 2011, fui de Mörsil a Östersund, al norte de Estocolmo. Para regresar a Mörsil ese día solo había un bus. Deseaba ir a un supermercado que hay entre Mörsil y Östersund. Había un bus que iba más temprano a esa población que el que yo debería tomar. Como el bus que debería tomar pasaba más tarde por el pueblo en el que deseaba visitar el supermercado, pensé que lograría realizar la visita, así que lo hice. Cuando terminé la visita, fui a esperar el bus para viajar a Mörsil donde estaba viviendo.

Llegó el momento en que el bus pasara, pero no sucedió; vino a mi pensamiento que alguien en alguna manera iba a informar llamando de lo que pasaba. También empecé a preocuparme un poco, ya que si no pasaba, la alternativa más segura era quedarme en el hostal. Tenía conmigo cosas que había comprado y que tenían que tener refrigeración; por eso se me hacía difícil pensar quedarme en el hostal.

Caminé a ver la lista de los horarios. Al otro lado de la vía estaba una señora; cuando vio que yo veía el horario, me dijo que el bus se había retrasado, que ella esperaba a alguien y que esa persona había llamado diciendo que el bus iba a llegar más tarde. Esto confirmó que el Espíritu Santo me había hecho saber que por medio de una llamada yo iba a saber lo que pasaba con el bus. Evitando de esa forma que yo me frustrara. **Romanos 8:27** muestra que Él sabe las intenciones y también nos guía por medio de otros, como Moisés con el pueblo de Israel (*cf.* **Isaías 63: 12).**

Jeremías y Ezequiel

En el año 2012, tuve la convicción de estar leyendo los libros de Jeremías y Ezequiel. La lectura de estos libros me ha proporcionado una bendición especial a mi espíritu, mi mente y en general mi vida espiritual.

Una mañana, en diciembre, alguien de la iglesia me dijo que uno de los pastores más eminentes del país y de la época había estado leyendo los libros de Jeremías y Ezequiel. La persona que dijo eso lo había leído en el periódico cristiano.

El tiempo en el que el pastor lo leía era paralelo a cuando yo leía los mismos libros. Mi respuesta al comentario fue que debió de ser el mismo Espíritu quien produjo la misma convicción de leer los mismos libros, ya que el pastor y yo no nos habíamos puesto de acuerdo, ni él me había dicho, ni yo a él que leyera Jeremías y Ezequiel.

Los libros de Jeremías y Ezequiel son ricos y abundantes en profecía, orientación e historia, los cuales recomiendo que se lean, pues produce mucho beneficio espiritual.

Ser sensibles y llevar a la práctica las convicciones que el Espíritu Santo pone en una persona es de gran bendición para la salud espiritual, no dando lugar de esa forma a la frustración. **2 Timoteo 3:16-17** muestra que la palabra nos edifica: *"Toda la Escritura es inspirada por Dios y útil para enseñar, para reprender, para corregir y para instruir en la justicia, a fin de que el siervo de Dios esté enteramente capacitado para toda buena obra".*

En la Navidad del 2012

Para la Navidad del 2012, decidimos ir a pasar esos días en familia en el sur de Suecia. Planeamos el viaje y salimos con destino al lugar. Al llegar, hicimos las compras para los días de fiesta y llegó el domingo.

Alguien se sentía un poco mal de salud, luego yo también. La otra persona estuvo atacada con vómito y yo con diarrea. Oramos, descansamos, tratamos de comer y tomar alimentos que ayudaran al sistema digestivo e hicimos lo que estaba de nuestro alcance para que nos pusiéramos bien.

Llegó el martes y parecía que todo era peor. Tuve la convicción de que necesitábamos orar con ahínco. La otra persona me dijo que oráramos, le contesté que lo íbamos a hacer más tarde. Cuando llegó el momento de orar, sentí una convicción muy fuerte de orar en guerra espiritual contra los ataques que teníamos.

Proclamé destrucción contra lo que nos atacaba. Lo hice con mucha intensidad, proclamando que las bacterias malas fueran matadas. Resistí al diablo en el nombre de Jesucristo. La Biblia nos da autoridad de resistir al diablo si nos sometemos a Dios (*cf.* **Santiago 4:7**).

Proclamé el poder de Dios contra el ataque de vómito y contra el ataque de la diarrea en mí. En medio de la oración, sentí que algo había sucedido en el Espíritu.

Después de haber orado empezamos a ponernos mejor y mejor, hasta que volvimos a la normalidad. El Señor Jesucristo actuó con poder ayudándonos y dándonos la libertad. Pero antes de eso necesitábamos poner en práctica por medio de la oración lo que dice **Efesios 6:10:** *"Fortalézcanse con el gran poder del Señor"*.

Más tarde, la otra persona me preguntó por qué no habíamos orado así antes. Mi respuesta fue que yo creía que ese había sido el tiempo para que oráramos de esa forma. **Romanos 8:14** nos muestra que todos los que son guiados por el Espíritu pueden recibir convicciones de Él para orar: *"Porque todos los que son guiados por el Espíritu de Dios son hijos de Dios"*.

Sin saber encontré a quien buscaba

A mediados de marzo del 2014, tenía que llevarle a alguien de la familia algunas cosas al lugar donde estaba. Yo no sabía cómo llegar a ese lugar. Había varias casas construidas de la misma forma y todo era muy parecido. Tenía un poco de prisa porque un amigo que me había llevado en su carro me esperaba en el parqueadero. Si me demoraba, tenía que irse para que no le dieran multa.

También estaba empezando a llover duro y no quería que se mojaran las cosas que llevaba. Por un momento, pensé en cómo podría encontrar el lugar al haber tantas casas iguales. Corrí y entré por la primera puerta que encontré.

La puerta conducía a un jardín y al lado había ventanas parecidas. En la primera ventana a la que dirigí la mirada vi la silueta de una persona. Cuanto más me acercaba, más se parecía a la persona que buscaba. Cuando llegué a la puerta de vidrio, me di cuenta de que era la persona a quien buscaba.

Empecé a agradecerle al Señor por guiarme muy específicamente. Si me hubiera puesto a buscar sin guía, no sé cuánto tiempo hubiera demorado. Se habrían mojado las cosas y habría causado aprietos a mi amigo. Pero el Señor sabía que al guiarme específicamente al lugar donde se encontraba a quien buscaba se evitaría todo inconveniente. **Isaias. 49:10** explica que por su misericordia nos guía a lugares específicos: *"No tendrán hambre ni sed, no los abatirá el sol ni el calor, porque los guiará quien les tiene compasión y los conducirá junto a manantiales"*

Tuve la convicción de que el número no era correcto

Un día alguien recibió una llamada y escribió un número de teléfono. Tuve la convicción de que el número no era correcto, después cuando se hizo uso del número se supo que no era correcto. Detalles pequeños, pero de importancia, de los cuales Dios se preocupa y nos hace entender. **Lucas 1:79** refleja que Dios nos guía para que tengamos paz: *"para dar* *luz a los que viven en tinieblas y en sombra de muerte, para guiar nuestros pasos por la senda de la paz".*

Espontáneamente el Espíritu Santo me guio a copiar la cantidad correcta

En una ocasión, cuando trabajaba enseñando español en uno de los colegios, debía enseñar una mañana.

Tenía muy poco tiempo para planear la lección. No tenía la lista de los alumnos y por tanto no sabía cuántos vendrían. Al hacer las fotocopias de un tema, para que trabajaran me encontré con el dilema de no saber cuántas hacer.

Sentí una convicción espontánea de hacer 25 fotocopias. Al empezar la clase, pasé una hoja para que los alumnos escribieran sus nombres para controlar la asistencia. Para mi sorpresa, vinieron 24 alumnos a recibir la lección ese día. Usualmente se debe tener una copia extra para si se necesitan hacer más.

Cuando le conté a mi esposa la experiencia diciéndole que Dios se preocupa de cosas pequeñas, ella reflexionando pensó que eso no era algo pequeño, porque si no hubiese tomado suficientes fotocopias, se me podría haber vuelto un caos en la sala de clase al no tener las copias necesarias para todos los alumnos. Ella tiene razón en esto.

El Espíritu Santo se preocupa de lo pequeño, lo grande y los detalles necesarios. **Salmos 139:10** nos enseña que la mano de Dios nos guía en los detalles: *"aun allí tu mano me guiaría, ¡me sostendría tu mano derecha!"*.

La palabra de Dios dice en **Mateo 6:32-33** que Dios sabe lo que necesitamos. Que lo que tenemos que hacer es poner toda nuestra atención en el reino de Dios y de esa manera recibiremos lo que nos hace falta. Dios es justo y bueno. Lo que Él promete, eso hace. Él ha contestado la oración cumpliendo así lo que dice en la cita anterior: *"entonces todas estas cosas les serán añadidas""*.

Las experiencias son ejemplos patentes, vivos, de la fidelidad del Señor Jesucristo. Las anteriores y muchas otras experiencias de la misma índole que son parte de la producción del material aquí escrito muestran cómo Dios nos libra de la frustración en el tiempo correcto.

Llamada de un hermano

En una ocasión me llamó un hermano para compartir algunas necesidades de oración. Entonces Él compartió varias cosas y, luego, empezamos a orar.

Mientras orábamos, sentí en el espíritu orar para que él entregara las situaciones al Señor Jesucristo. También el Señor me guio a decirle que leyera capítulos de los Salmos, empezando con el primero, hasta que se durmiera. Una de las necesidades era que no había podido dormir la noche anterior, pensando en las circunstancias por las que estaba atravesando. Otra necesidad era que debería llamar a una hermana, pero el hermano se sentía muy inseguro porque no quería que su hermana lo malinterpretara al comunicarle algo que necesitaba decirle.

Entonces oré, proclamé y reprendí los ataques que tenía y alabé al Señor por victoria para el hermano. Dos días después, el Espíritu Santo me hizo sentir que lo llamara y le pregunté cómo había sido.

Todo era positivo. Había hablado con su hermana, ella le entendió lo que le comunicó, hablaron de cosas que fueron de ánimo para los dos, había dormido mucho mejor y había obtenido lo que deseaba que sucediera al comunicarle a su hermana lo que tenía que decirle. Como se muestra en **Lucas 1:79,** el Señor nos llena de paz al guiarnos en esa forma: *"para dar luz a los que viven en tinieblas y en sombra de muerte, para guiar nuestros pasos por la senda de la paz"*.

Historia de la bicicleta

Ya había empezado el otoño cuando yo necesitaba llevar mi bicicleta de Ljusdal a Uppsala. Una distancia de más de 200 kilómetros.

Siempre pensé que la llevaría el primer día de vacaciones de otoño, pensando que sería más fácil y que los lugares designados para bicicletas estarían libres.

Había leído una información acerca de renovar un documento y, según lo que explicaban, yo tendría que renovarlo muy pronto. Eso fue lo que el Espíritu Santo usó para hacerme pensar diferente con relación a mudar mi bicicleta.

Empecé a pensar que usaría el primer día de vacaciones para renovar el documento y que llevaría la bicicleta el sábado anterior a la semana de las vacaciones. Tendría que tomar dos trenes diferentes para llevar la bicicleta. Eso implicaba que podría tener lugar en uno, pero no en los dos trenes y los sábados viaja mucha gente.

El segundo tren ofrecía menos posibilidades de lugar para las bicicletas porque es más concurrido. Pensé llamar para confirmar si llevaban bicicletas el sábado anterior a las vacaciones de otoño. La respuesta fue afirmativa y que era el último día de la temporada para transportar bicicletas. Esa respuesta me hizo desistir totalmente de hacer otra cosa; dí prioridad a hacer todo lo posible para llevar la bicicleta ese día.

Después volví a leer más detenidamente la información acerca de la renovación del documento y encontré que este me servía por 5 años más.

Entonces oré para que pudiera llevar la bicicleta en los primeros trenes que salieran. En el primero no había muchos pasajeros, pero en el segundo sí. Sin embargo, el traslado de la bicicleta sucedió con toda normalidad, logrando viajar en los primeros trenes que salían cuando llegué a las estaciones.

Si el Espíritu Santo no hubiera intervenido, tendría que haber pagado mucho para trasportar la bicicleta y dejarla en Ljusdal no hubiera sido la mejor decisión, porque la necesitaba, y comprar una nueva de la misma calidad me habría costado mucho.

Cuando estaba llegando a Uppsala, mi esposa me llamó al celular y cuando le expliqué resumidamente la historia del traslado de la bicicleta, ella exclamó: "¡Gloria a Dios!". Ella hizo esa exclamación porque entendía muy bien lo que implicaba todo.

El Señor es maravilloso, ayudándonos en tiempos de necesidad, cuando esperamos y dependemos de su dirección divina. En **Salmos 139:10** vemos que la mano de Dios nos guía para darnos ánimo: *"aun allí tu mano me guiaría, ¡me sostendría tu mano derecha!"*.

Ropa adecuada

El invierno en Suecia es muy variable. Sin saber que iba a bajar demasiado la temperatura, el Señor me guio a comprar un pantalón adecuado para la temporada del invierno, que es muy fría.

Algo muy importante que sucedió fue que, estando trabajando en Ljusdal, no tenía una chaqueta adecuada para un invierno tan crudo.

Antes de que empezara esta estación y, sin saber que iba hacer un frío tan fuerte, una vez fui a Uppsala y tuve la convicción de llevar la única chaqueta que tenía esta época del año. Cuando regresé a Ljusdal, la temperatura era de un invierno normal. Podía usar la chaqueta que había llevado anteriormente. Solo unos pocos días después de que regresé de Uppsala, llevando la chaqueta adecuada para bajas temperaturas, empezó esa forma de invierno. Las temperaturas alcanzaban a llegar hasta los 21 grados bajo cero. Es decir, más frío que la temperatura de los congeladores.

Si no hubiera tenido la chaqueta que el Señor me guio a llevar desde Uppsala, no habría podido salir a la calle. La que había llevado anteriormente no me servía más. Esas temperaturas continuaron sin mucha variación por varios días. Esto me llevó a dar gracias al Señor vez tras vez por haberme dado convicción de llevar la chaqueta aún sin saber que la iba a necesitar. Cuando comenté esto con un familiar, ella dijo que era el Espíritu Santo quien nos guiaba a tomar decisiones en casos de necesidad. Yo estaba muy de acuerdo. Como se indica en **Salmos 43:3,** la luz y verdad de Dios nos guían: *"Envía tu luz y tu verdad; que ellas me guíen a tu monte santo, que me lleven al lugar donde tú habitas".*

Caminar rápido para ver el tablero de anuncios sin saber porque

Era diciembre, cerca de la Navidad, cuando viajé para estar con mi familia. Estando en la estación de los ferrocarriles de Jonköping (una ciudad al sur de Suecia), vi en el tablero de anuncios que el próximo tren saldría casi una hora después. Pensando que tenía tiempo suficiente para comer algo antes de tomar el tren, decidí hacer eso.

Cuando estaba terminando de comer y, aunque todavía era temprano, sentí que debería ir rápido a conocer la información sobre salidas y llegadas de los trenes. El anuncio del tren que había visto antes no estaba. Por causa del frío y la nieve, habían tenido que hacer cambios drásticos en el envío de trenes de pasajeros y eso había creado confusión.

El próximo tren para la ciudad a la que iba demoraba como más de una hora. Puse atención más detenidamente y me di cuenta que un tren debería haber salido hacía unos minutos antes, pero no lo había hecho. Así que corrí para abrir la puerta de salida desde la sala de espera hasta la plataforma. Como había hecho muchísimo frío, las puertas estaban endurecidas y no era fácil abrirlas. Unas muchachas que estaban del lado de afuera de la puerta me ayudaron y la puerta se abrió. Cuando llegué a la puerta, el tren estaba por empezar a moverse, pero alcancé a entrar e inmediatamente partió.

El personal del tren no sabía que yo viajaría con ese tren para esperarme. Mientras avanzaba hacia la puerta por el corredor de la sala, no vi que hubiera pasajeros que corrieran a abordarlo y ya tenía 9 minutos de retraso. El sentimiento de ir rápido para ver el tablero de los anuncios, aunque todavía era temprano, y que las muchachas me ayudaran a abrir la puerta, son deducciones que me permiten entender que era la guía y la ayuda del Espíritu Santo haciendo que el tren me esperara para que yo no tuviera que esperar, por lo menos, más de una hora, en una estación de trenes, en invierno con un frío insolente.

El Señor se preocupa de ayudarnos con los detalles que a nosotros no nos es posible considerar. Practicando ser sensibles al Espíritu Santo y haciendo nuestra parte, logramos mucho. De lo contrario no sería posible. **Proverbios 4:11** nos enseña que nos hace andar en sabiduría para que actuemos correctamente: *"Yo te guío por el camino de la sabiduría, te dirijo por sendas de rectitud"*.

Llamadas a Colombia

Necesitaba obtener información sobre unos documentos. Para eso tenía que llamar a Colombia. Cuando traté de comunicarme con mi hermana, no era posible. Como la convicción era fuerte, seguí insistiendo, y llamé a mi otra hermana.

Después de hablar un poco, para mí fue una sorpresa cuando me preguntó si deseaba hablar con mi hermano. Él era la persona a quien debería preguntar por los documentos.

Él vivía en otra ciudad y yo no tenía la menor idea de que él hubiera estado en ese momento ahí. El Espíritu Santo sabía y por eso me dio la convicción de llamar en el momento oportuno.

En otra ocasión también necesitaba otro documento que debería ser pedido por alguien en la oficina de registros, había que ir a otro pueblo y eso hacía que se presentaran dificultades para obtenerlo. No se sabía quién podría hacer el favor de pedirlo.

En un momento sentí la convicción de llamar a mi hermana mayor, con el fin de saludarla, pero en la conversación salió que un hijo de ella iba a viajar muy pronto al pueblo donde estaba la notaría en la que se expediría el documento que yo necesitaba con urgencia. Si hubiera esperado, habría perdido la posibilidad de que mi sobrino me hiciera el favor de pedir el documento.

El Espíritu Santo siempre está pendiente de cosas aparentemente pequeñas, pero que, si se toman en cuenta los detalles, esas pequeñeces resultan en grandes implicaciones.

Una y otra vez hago esta oración de gratitud: "¡Gracias, Espíritu Santo, por darme sensibilidad en los momentos en los que se necesita y por ayudarme a obedecerte!".

Las escrituras mencionadas al comienzo confirman lo que el Espíritu Santo hizo en todas las experiencias narradas aquí. Reiterando, Él puede hacer cosas maravillosas con usted también. Él hace como desea con quien sea y quien quiere ser guiado por él. **Salmos 73:24** nos enseña que el consejo de Dios nos guía para ayudarnos: *"Me guías con tu consejo y más tarde me acogerás en gloria"*

La misma guía

En uno de los devocionales, los sábados por las mañanas, pregunté si alguien tenía algo que compartir. Alguien de los participantes mencionó algo. Entre lo que mencionó, y a mi forma de interpretar lo que dijo, expresó que Dios toma en cuenta todo pecado, no importando la cantidad o el grado, que nosotros éramos privilegiados porque el Señor nos perdonó cuando le pedimos perdón y aceptamos al Señor Jesucristo, pero que los que no lo han hecho están bajo la condenación.

Antes yo había leído en **Proverbios 3:33** que dice que Dios está airado con el impío, pero que bendice al justo: *"La maldición de Jehová está en la casa del impío, pero bendecirá la morada de los justos"*.

Los justos son los que aceptan a Jesucristo como Salvador, pidiéndole perdón a Dios por los pecados. Si al leer esta sección no tiene convicción de que necesita pedir perdón a Dios por algo, no tiene que preocuparse. Es Dios quien nos convence de nuestros pecados y, al no haber convicción, solamente hay que continuar como estamos.

Qué maravilla andar sincronizados con el Espíritu Santo y unos con otros en el mismo espíritu.

Películas para elegir

Trabajando en un colegio de primaria enseñando español, en un pueblo que se llama Säfle, usualmente se mostraban películas a los alumnos al final del semestre. Me dieron varias para elegir. Un amigo me había prestado una con contenido evangelístico. El día que debería presentarla tenía lucha pensando que usualmente el maestro es quien decide lo que los alumnos deben ver.

Pensé no llevar la película de contenido cristiano, decidí orar preguntando al Señor qué debería hacer. Después de la oración vino la convicción de que debería llevarla, y dejar que los alumnos eligieran lo que deseaban ver. Sin embargo, continuaba la lucha de decisión. El pensamiento de que debería llevarla fue más fuerte que la incertidumbre. Me apoyé en la convicción de que dejaría que los alumnos mismos eligieran qué película ver. Para mi sorpresa, cuando pregunté al primer grupo qué película deseaban ver, la primera que eligieron fue la de contenido cristiano. Les expliqué que parte del contenido era religioso.

Cuando llegó el momento del segundo grupo, también eligieron la misma, luego el tercero y, por último, todos los grupos eligieron la misma película.

Por razones de tiempo, no se podía ver toda la película, pero los alumnos reclamaron que querían verla hasta el final. El final es la parte más importante y evangelística.

Para darles más opción de elegir, pregunté si querían seguir viendo la misma película o si querían ver otra o hacer algo diferente. En uno de los casos fueron los chicos los que eligieron y, cuando yo les di más opciones, ellos dijeron que deberían ser las chicas las que eligieran, pero cundo se les preguntó, ellas querían seguir viendo la película de contenido cristiano.

A causa de esto sentí preguntar a uno de los pastores de una de las iglesias del pueblo si podía dejar un pedido de oración por los jóvenes del pueblo. La respuesta fue positiva. Escribí el pedido de oración por los jóvenes del pueblo, pero en lo relacionado con el tiempo, escribí que deseaba que no solamente oraran una vez el domingo o por un tiempo limitado. Escribí en el pedido de oración que mientras hubiera cristianos en el pueblo deberían orar por sus jóvenes.

El pastor aceptó esa forma de orar y, por lo que me dijo, él apoyaría la idea para que se diera cumplimiento durante su tiempo como pastor en ese pueblo. ¿Harán lo mismo por su lugar, pueblo o ciudad los cristianos que lean esta información? Es decir, ¿orarán por sus jóvenes? Deseo que sí, para que estos acepten y tengan una relación profunda por la eternidad con Jesucristo el Señor. **Juan.16:13** señala que el Espíritu Santo nos *"guiará a toda la verdad"*. **1 Tesalonicenses 5:18** refleja que necesitamos expresar nuestra gratitud a Dios por todo: *"Den gracias a Dios en toda situación, porque esta es su voluntad para ustedes en Cristo Jesús"*.

En el colegio de Alunda

Había estado trabajando a tiempo parcial y necesitaba aumentar el tiempo de trabajo. Solicité el empleo de profesor de español que anunciaba ese colegio. Pasaron unas semanas después de haber enviado la solicitud.

Mientras el tiempo pasaba, tenía una convicción de que iba a ser llamado para una entrevista. Esta idea estaba respaldada por una paz que producía seguridad. Un día recibí una llamada. Era el rector preguntándome si podía ir a una entrevista.

Fui a la entrevista. Era rigurosa. La paz y seguridad continuó. Esta vez la convicción era que me iban a dar el empleo. Un día, estando un familiar, yo y otros en una finca, cuando nos proponíamos comer la merienda, el rector llamó preguntándome si aceptaba el trabajo.

Había estado orando que la puerta que Dios abriera iba a ser el trabajo que debería aceptar. Esta vez, esta fue la puerta abierta. La convicción y paz que venían de Dios me producía seguridad, evitando de esa forma la frustración de pensar si me darían o no el empleo.

Siendo que había estado orando que Dios no se abriera ninguna puerta que no fuera la que él abriría, también proclamaba que si no me iba a ir bien que no se abriera ninguna puerta.

Un día, en relación a este trabajo, el Señor me dio el **Salmo 128:2**: *"Lo que ganes con tus manos, eso comerás; gozarás de dicha y prosperidad"*. Después me encontré con un hermano de la iglesia y su esposa. y nos pusimos a dialogar un poco. Entre lo que hablamos, dijimos algo con respecto al trabajo en Alunda. Cuando llegamos al punto de cómo me iría, él dijo que me iba a ir bien. Lo recibí como una confirmación de lo que dice el versículo. Entre otras buenas experiencias, una de esas fue que recibí un buen sueldo por el tiempo que trabajé allá.

Todo salió bien en medio de cambios

Debía estar en el colegio el 8 de agosto de 2014 para firmar el contrato. Cuando fui, el rector me dijo que me esperaba el lunes. Sin decirlo, él se refería al lunes 11, pero según el contrato de trabajo, yo debía empezar el lunes 18. Siendo que no dijo que era el 11 que debería ir, tomé por hecho que debería empezar el 18.

El día 12 yo había salido y no había llevado mi celular. El rector llamó y me dejó un mensaje explicando que fuera al día siguiente a una reunión de profesores de idiomas.

Entre otras actividades, hice un viaje antes del 13 de agosto. Por razones del tiempo corto y pensando que empezaría el 18, no tenía total seguridad de ir. Sin embargo, tenía paz, realicé el viaje y todo salió bien. Podría haber esperado, pero el Señor puso convicción para que viajara en el tiempo correcto. Era un viaje de varias horas por tierra y mar a una isla del Báltico.

Hacía mucho tiempo que no había ido a nadar. Tuve la convicción de ir el día 11. Para nadar con tranquilidad, hay que ir en las horas de la mañana. Eso podría haber sido más difícil si hubiera estado trabajando.

En pocos días surgieron actividades de interés para hacer. Fue un tiempo que Dios me dio antes de que empezara a trabajar. El 13, cuando fui para estar en la reunión de profesores de idiomas y se supo de la equivocación de la fecha del contrato, el rector me preguntó si podía empezar ese mismo día. La alternativa que yo tenía era decir que sí.

El Señor es maravilloso. Nos guía y nos ayuda a realizar lo que necesitamos hacer en el tiempo correcto y en detalles. **Génesis 50:20** enseña que Él nos encamina en el bien por amor a otros para que les ayudemos: *"Es verdad que ustedes pensaron hacerme mal, pero Dios transformó ese mal en bien para lograr lo que hoy estamos viendo: salvar la vida de mucha gente"*.

Documentos importantes

Cundo llegamos a Suecia, empecé a estudiar sueco y luego trabajé un tiempo. Después seguí estudiando y trabajando cuando tenía posibilidad. Por razones de los estudios, no podía trabajar permanentemente, y eso hacía que trabajara parcialmente, y no siempre en el mismo lugar o empresa. Por convicción, empecé a guardar documentos relacionados con los trabajos que tuve. A veces pensaba si era realmente necesario guardarlos. Llegó el momento que se confirmó la razón de haberlo hecho. En el 2016 recibí un documento para que diera un reporte de todos los empleos que había tenido antes de 1991 y después de una fecha de 1992.

Esto era para investigarlo, para saber si yo tenía derechos de seguros acumulados para la pensión. Si no hubiera obedecido a la convicción de guardar los documentos, habría sido muy difícil, después de tanto tiempo, saber los lugares fechas y detalles de los empleos que tuve.

Como consecuencia, habría perdido los posibles seguros de pensión que se me hubieran ido acumulando por empleo. Cuando empecé a sacar los documentos, encontré que eran muchos, pero un 99 por ciento de la información que necesitaba estaba ahí.

Llené el documento y sentí una sensación de victoria y satisfacción al haber obedecido al Señor. He dado gracias a Dios por haber hecho que no tirara los documentos a la basura. **Isaías 49:10** muestra que Su misericordia nos guía para que hagamos lo correcto.

Invitación al concierto

Mientras esperaba el tren para continuar el viaje a casa, de pronto, vino un hombre con mucha frustración porque el tren en el que debía viajar se había ido. Para desahogarse, empezó a contarme lo que le había sucedido. Hablamos un poco y después llamó a alguien.

Por algunas cosas que me dijo, entendí que era una persona con muchas necesidades emocionales. Tuve una convicción muy fuerte; casi era una voz audible que me decía interiormente que le diera una invitación de las que tenía para que asistiera a un concierto de Navidad.

Le dije al Señor en oración que si el hombre terminaba de hablar por teléfono antes de que yo me fuera le iba a preguntar si le gustaba la música de Navidad. Justo un poquito tiempo antes de que tuviera que irme, él terminó la llamada. El Señor me dio el valor de hacerle la pregunta y él, afirmativamente, dijo que le gustaba la música de Navidad. Le di una entrada y me la agradeció mucho.

Lo que yo no podía seguir haciendo, hablándole de la salvación, pensé que Dios lo haría, dándole convicción de ir al concierto y salvándolo para su gloría. Esta fue parte de mi oración por esa persona. **Salmos 37:4** nos dice que el Señor concede las peticiones de nuestro corazón cuando nos deleitamos en Él. Esto sólo ese posible cuando nuestras peticiones son de acuerdo con su voluntad.

Capítulo 5
Continuación de la intervención divina

Repuesta de Dios en momentos de necesidad

Las soluciones que Dios me dio me causaron descanso. Mientras trabajaba, un día nos pidieron a mí y a un compañero que fuéramos a mudar algunas cosas en un lugar. Las cosas que deberíamos llevar eran muy pesadas. El líder tenía práctica y él cambió una unidad de un lugar a otro sin mucha dificultad.

Después nos dijo: "Ahora, ustedes continúan haciendo el trabajo". Eran muchas cosas y muy pesadas, y ni mi compañero ni yo teníamos practica de hacer ese trabajo. Cuando el líder se fue, tratamos de mudar la primera unidad. No nos era posible. Mi compañero se puso tan nervioso que casi temblaba de los nervios por la frustración de no saber cómo cambiar las cosas de un lugar a otro.

Yo no sabía tampoco qué estrategia tomar. Lo que se me vino a la mente fue orar. Oré lo más silencioso que pude en lenguas y con el entendimiento por solución, y no demoró mucho después de que terminé, cuando mi compañero probó cambiar una de las unidades haciendo lo mismo que había hecho el responsable del grupo. Las unidades eran altas y se requcrían personas altas para que hubiese un apoyo en el hombro y la unidad no quedara acostada y resbalara cayendo al piso.

Mi compañero era bastante más alto que yo. Las cosas que había que mudar teníamos que pasarlas por dos puertas que eran más bajitas. Yo le guie, explicándole cuándo debería bajar más la unidad para que no topeteara con la parte superior de las puertas.

Después de la oración, lo hicimos con tanta facilidad, que ni puedo explicarlo. Mi compañero quedó admirado de que hubiéramos encontrado una manera tan fácil y sencilla de trabajar. El comentó que era muy bueno haber descubierto la forma de mudar las cosas y que la forma como yo le guiaba también había sido especial. Junto con esas unidades, había otras cosas que aún pesaban más, pero eran más fáciles de llevar porque no eran tan altas.

El Señor nos dio la estrategia para mudar todo después de que oré quitándonos la frustración que tuvimos al principio de no saber cómo trabajar con eso. Gracias sean dadas al Señor Jesucristo por su poder y por contestar oraciones en momentos de necesidad. Como anteriormente veíamos en **Génesis. 50:20,** Dios nos guía a hacer lo que se necesita hacer por amor a otros.

Encontré un documento que había extraviado

Hoy es el diecisiete de junio del 2003. Había perdido un documento y, después de haber orado, mientras lo buscaba, lo encontré. Hoy también encontré otro documento que había perdido. Hace algún tiempo había estado orando para que lo encontrara, pero no lo había logrado. No dándome por vencido, orando hoy nuevamente, obtuve respuesta. **Salmos 3:4** dice: *"Con mi voz clamé y él me respondió".*

Oración en grupo

Mayo del 2004. Hace algunos días oramos como lo solemos hacer en grupo. El Señor me dio convicción de leer el capítulo 21 del Evangelio de Lucas. El capítulo explica las señales antes del fin.

En el versículo 36 hay una condición y una promesa. La promesa consiste en que se puede obtener la victoria sobre todas las circunstancias y sucesos antes del fin del mundo. La condición consiste en que hay que orar. Como una reafirmación, el Señor nos llevó a leer en **1 Tesalonicenses 5:17-18.** Aquí encontramos la explicación de cuánto tiempo debemos emplear para orar.

Respuesta a pedido de oración por cosas específicas

En el 2001 necesitaba las siguientes cosas: un traje, unas sandalias, Internet en casa, un teléfono celular, una mesa de escribir, una biblioteca, lentes para leer, una grabadora pequeña, una computadora portátil y un impresor.

Ahora es el 2006 y ya he recibido todo lo anterior. Cada cosa la recibí en el tiempo correcto y cuando lo necesitaba o tenía el tiempo para darle el uso necesario. Esto es respuesta de oración y gratitud al Señor. También de espera y paciencia mientras llegaban las cosas. **1 Juan 5:14-15** dice: *"Esta es la confianza que tenemos al acercarnos a Dios: que, si pedimos cualquier cosa conforme a su voluntad, él nos oye. Y si sabemos que Dios oye todas nuestras oraciones, podemos estar seguros de que ya tenemos lo que le hemos pedido".*

Cartera perdida

En diciembre del 2006, antes de Navidad, tenía que ir a Estocolmo. En la estación de autobuses saqué mi cartera para pagar algo. Después subí al bus y, ya viajando, hubo un momento en el que deseaba ver algo en mi cartera. Para mis penas, después de haber buscado en todos los lugares posibles, me encontré con que mi cartera había desaparecido.

Tuve un tiempo de frustración, pensando que había extraviado mi pase de conducir, cerca de 250 dólares, mi plata del mes, lo anterior, entre otras cosas de menos importancia, que también estaban en la cartera.

Lo que más me preocupaba era el pase de conducir, pues éste podría ser usado indebidamente. Pero también pensar que había perdido el dinero para cubrir las necesidades del mes. Esto era lo más negativo.

Después de que pasó un poco la frustración, empecé a orar en lenguas y a dar gracias al Señor por mi cartera y lo que contenía. Luego pensé que debería llamar a casa para comunicarlo. No fue posible comunicarme. Entonces llamé a alguien más y con él tuve éxito.

Él me ayudó muy efectivamente, buscando teléfonos para comunicar que se me había perdido un documento importante. Cuando mis familiares lo supieron, oraron por la situación.

Después de haber hecho las denuncias correspondientes, cuando pregunté a la policía si sería posible recuperar la cartera, me contestaron que eso y el pase podría ser factible de recuperarlo, pero que el dinero no, porque quien la hubiera encontrado o robado, lo que le interesaba era el dinero. Seguí orando en gratitud y creyendo que recuperaría lo perdido.

Cuando fui a preguntar a la oficina de objetos perdidos fue una gran sorpresa cuando el policía me dijo que ahí estaba la cartera, el pase y cerca de 1600 coronas. Cuando oí lo del dinero, exclamé: "¡Eso es un milagro!". El policía se sonrió y yo le daba gracias al Señor por la respuesta a la oración. **Salmos 3:4** dice: *"Con mi voz clamé a Jehová, y él me respondió desde su monte santo"*.

Llamada recibida

Durante este mes de febrero de 2007, he tenido contacto con algunas personas en relación con algunos asuntos importantes.

Alguien había prometido por más de una vez que me escribiría para saber si funcionaba o no el correo electrónico. Pasaba el tiempo y no había respuestas.

En esos días estaba buscando empleo. Alguien me prometió comunicarse, dándome información sobre un trabajo. Sin embargo, pasaba el tiempo y no había comunicación.

Había llamado a alguien más de quien deseaba recibir respuesta, también de algo relacionado con trabajo. Así que dejé un mensaje en el contestador, pero por una y otra razón, esa persona no pudo comunicarse conmigo. Había preguntado por los resultados de algunos estudios. Me dijeron que me darían respuesta. Esperé y esperé, pero la respuesta no llegó. Le envié un correo electrónico al profesor pidiendo el resultado y no me contestó. Todo era como una prueba para practicar paciencia.

Sentados a la mesa con un familiar, le conté lo anterior. Ella me dijo que entendía bien. Un poco después me dijo que tenía una cita bíblica relacionada con lo que le había contado, La cita es **Romanos 8:28**. Ella comentó un poco la cita bíblica. Le dije que había que esperar en el Señor y que había que ejercer paciencia, como había sucedido en otras ocasiones.

El Señor me había dado gracia para esperar por las respuestas de todas esas personas y para orar por eso. Un momento más tarde, después de que habláramos de lo anterior —y de que yo estaba decidido a elegir seguir orando y esperando sin frustrarme—, sino más bien ejerciendo paciencia, uno de por quien había orado bastante en proclamación se comunicó conmigo. Era de él de quien más necesitaba recibir la información en ese momento.

Más tarde, por iniciativa mía, me comuniqué con alguien de las otras personas y de quien también necesitaba recibir la información más urgente que los que faltaban por comunicarse.

Cuando llamé, fue posible contactar con él obteniendo respuesta a lo que deseaba saber relacionado con trabajo.

Lo mismo que sucedió con el primero que se comunicó, era alguien por quien yo había orado en proclamación y con intensidad. En este párrafo no queda más que decir que dar gracias al Señor por su ayuda en todo y por dar respuesta en su tiempo a la oración proclamada e intensa. El **Salmo 130:1-2** dice *"Estén atentos tus oídos a mi voz suplicante"*.

Victoria para ese día

En febrero del 2007, en el tiempo de oración, el Señor me llevó a proclamar a que el Espíritu Santo tomara control total sobre nuestros pensamientos (*cf.* **Filipenses 4:7- 8**) y que fuera él quien los dirigiera.

El Señor me llevó a proclamar que la victoria total para el diario vivir es cuando nuestra **mente está bajo el control total del Espíritu Santo** porque de esa forma lo que pensemos estará totalmente en línea con la perfecta voluntad de Dios, obteniendo de esa forma victoria absoluta en todo. Ya sean decisiones grandes, pequeñas o muy pequeñas.

Para todas estas decisiones, necesitamos que nuestra mente y nuestros pensamientos estén controlados y dirigidos por el poder del Espíritu Santo del Señor Jesucristo.

Cada vez que oro en proclamación, pidiendo al Señor el control de mi mente, experimento victoria para ese día, en lo que a las actitudes mentales se refiere.

Algo más que el Señor me ha llevado a proclamar es que Él produzca una necesidad fuerte espiritual de que en la familia seamos llenos del Espíritu Santo, porque de la misma forma en que nuestros pulmones tienen la necesidad biológica del oxígeno para poder vivir diariamente, así también sucede con nuestra vida espiritual.

En un devocional, el Espíritu Santo me guio a proclamar que el gozo del Señor es nuestra fortaleza, que no es el cine, las películas, o la música del mundo. Tampoco es el entretenimiento humano, ni los chistes o bromas del mundo, ni ninguna otra cosa, por buena que parezca.

Existen situaciones que pueden producir risa momentánea, pero no un gozo interior permanente, como lo hace el gozo que produce el Espíritu Santo del Señor Jesucristo.

Esto último es la fortaleza original del ser humano que el Señor Jesucristo pone en el ser interior.

En aquel momento, proclamé que todo lo que tratara de oponerse al gozo original del Señor fuera echado al fondo del mar. Cuando yo experimento el gozo del Espíritu Santo en mi vida es algo maravilloso.

No puedo describirlo con palabras, pero produce un ánimo, una seguridad y una fortaleza inexplicables. Cuando oro proclamando de la forma anterior, hay victoria para ese día.

Nehemías 8:10 dice: *"No estén tristes, pues el gozo del Señor es su fortaleza"*. El gozo del Señor nos da fuerzas abundantes.

Aguacates en su punto

A principios de junio del 2007, teníamos una reunión con un grupo de hermanos. El responsable me llamó y me pidió que llevara 10 aguacates para ponerlos junto con lo que otros llevarían para almorzar.

Otras veces había comprado dos o tres aguacates y una y otra vez habían salido con algún daño o estaban verdes y había que esperar bastante tiempo para que maduraran. Esto me hizo pensar un poco en cómo podría comprar 10 aguacates de tal forma que se pudieran comer al día siguiente. Además de confiar en el Señor por eso, mi deseo era que los aguacates estuvieran en su punto para comerlos.

Eso era muy difícil, ya que yo no sé elegir, ni tampoco sé con exactitud cuándo los aguacates están listos para comerlos. También no eran solamente dos o tres, sino que deberían ser 10 aguacates. Mi esposa y yo fuimos al supermercado y, mientras ella buscaba otros productos, yo empecé a elegir los 10 aguacates.

Cuando llegué al grupo, expliqué que había traído los aguacates, y alguien me dijo que empezara a pelarlos y prepararlos.

Los aguacates que había abierto estaban en su punto para comerlos y todos sin ningún daño. Me puse a hacer el puré y alguien más continuó abriendo los que quedaban. Mi esposa sabía muy bien lo que nos había sucedido anteriormente con los aguacates, pero esta vez, a medida que los abría, era una nueva sorpresa de que todos estuvieran en su punto y sin ningún daño. Creo que ella estuvo más admirada de la bendición de haber encontrado todos los aguacates sin ningún problema de lo que yo lo estaba. Dios es maravilloso. Él se encarga de los detalles cuando confiamos y esperamos en Él, deseosos de que todo salga bien, aun en cosas sin mucha importancia. **Filipenses 4: 6.** Dios nos da lo que necesitamos.

Por haber orado el Señor me guardó un disco duro

A principios de julio del 2007, leí un anuncio de un disco duro. El disco que anunciaban era uno que cumplía bastante los requisitos del que yo deseaba comprar para copiar trabajos realizados con el ordenador. Yo había orado por eso antes de visitar el supermercado.

Mi intención era ir temprano el día que inauguraban el supermercado. Usualmente, cuando anuncian promociones si el producto es importante y la rebaja es buena, los productos en promoción se terminan muy rápidamente. Ese día yo había prometido a un hermano de la iglesia que oraría con él, así que, a causa de eso, no me fue posible ir a primera hora.

Cuando terminamos de orar y de revisar algunos papeles, olvidé que tenía que ir al supermercado que abrían ese día. En un momento, pensé ir al buzón de los correos y, cuando llegué cerca de donde estaban los buzones, encontré una pareja que vive en el edificio donde yo vivía.

Él me dijo que venían de del supermercado que estaban inaugurando. Inmediatamente recordé que debía ir para saber si todavía quedaban discos duros. Cuando llegué al supermercado, pregunté por el lugar donde vendían los discos en promoción. Alguien me indicó y yo me dirigí allí. Estaba un hombre joven atendiendo el público. Le hice algunas preguntas relacionadas con los discos y, en medio de todo, nos dimos cuenta de que solamente quedaba uno, es decir, el disco que el Señor me guardó, dándome respuesta a la oración. Con eso gané un poco más de 100 dólares de rebaja por la promoción. Dios quiera que clamemos a él cuando es necesario (*cf.* **Jeremías 33:3**).

Dios trabaja para cumplir nuestros deseos cuando son de acuerdo a su voluntad

Julio del 2007. Mi esposa y yo fuimos a un lugar a descansar por algunos días. Yo había hecho reserva para quedarnos y, el día que deberíamos llegar, no podríamos usar la habitación si no hasta a partir de las 3 de la tarde. Llegamos bastante temprano, por lo que no teníamos un lugar adecuado donde esperar.

Yo sentí que deberíamos ir y preguntar si era posible llegar antes de las 3 de la tarde. Cuando llegamos al hotel, nos dijeron que nuestra habitación estaba casi lista y que solo se demoraba como 5 minutos para que pudiéramos entrar a la habitación. Otro huésped llegó simultáneamente con nosotros preguntando por su habitación. Ellos tenían que esperar horas para poder usar su habitación. Dios es bueno con los que en él confían.

Como continuación del descanso, salimos a visitar en Uppsala los jardines botánicos de Linneo. En el museo de la casa de campo que él tenía se podía tener una explicación guiada en sueco y en inglés. Yo deseaba recibir la información en inglés, ya que creí que era más natural que en sueco, puesto que el inglés lo dominaba mejor. Cuando mi esposa preguntó, le dijeron que ya se habían acabado los boletos para recibir la información en inglés.

Cuando entramos al lugar donde daban los pases, la muchacha revisó una vez más y le quedaba solamente una boleta para una persona que deseara recibir la guía en inglés. La boleta sobraba porque una persona sueca que había pedido guía en inglés se arrepintió y pidió la información en sueco, permitiéndome recibir a mí la información en inglés.

Dios sabía que yo lo necesitaba más que la persona sueca e hizo así para bendecirme. ¡Gracias, Señor, por los detalles! **1 Juan 5:14-15** nos muestra que, si pedimos algo conforme a su voluntad, Él no se niega a proveernos lo que necesitamos.

La nieve cayó

El invierno del 2006 fue bastante temperado. Llegó el 2007 y continuó con la misma temperatura. No hubo nieve en varias regiones del sur del país. A la gente, que cada año tenía trabajo por causa de no caer nieve, este invierno los estaba dejando sin salario.

Los niños no podían jugar. Los deportistas cuyas actividades son con nieve tampoco podían entrenar. En general, todos los que usualmente tienen actividades con la nieve estaban frustrados y los que reciben sueldo por tener trabajo relacionado con la nieve estaban temerosos de no recibir el salario.

Un buen día el Señor me guio a orar proclamando que cayera nieve para que las necesidades de los que dependían de la nieve recibieran los beneficios que esperaban.

No tardó mucho, cuando en un buen momento empezó a nevar. Ahora es febrero del 2007 y, desde mediados de enero después de que oré, la nieve ha continuado cayendo y ha permanecido sin que se derrita. De esta forma, la gente ha disfrutado de los beneficios de la nieve.

No sé si fui el único que oré por esto, pero siendo que lo hice muy conscientemente de que era la voluntad de Dios de que orara por esa necesidad, ahora puedo agradecer al Señor con todo mi corazón por haberme respondido a esta petición hecha en oración y proclamación. En **1 Reyes 18:45** leemos que Dios envió una lluvia grande como respuesta.

El hombre a quien yo necesitaba preguntarle algo importante

En abril del 2009, yo necesitaba preguntar algo importante a un señor, quien podía darme esa información. Había tratado de comunicarme por teléfono y por correo con él, pero parecía imposible.

Un día oré que el Señor Jesucristo hiciera que me encontrara con ese hombre. No mucho tiempo después, salí a hacer compras al supermercado y, de repente, vi a una persona a la distancia. Yo no lo reconocí, pero él me miraba también. De pronto, empezó a caminar hacia donde yo iba y cuanto más se acercaba más fácil era reconocerlo. Era el hombre a quien yo necesitaba preguntarle algo importante y por quien había orado que nos encontráramos.

Gloría al Señor Jesucristo porque Él contesta nuestras oraciones, lo que está en línea con la voluntad de Dios. El Señor concede las peticiones de nuestros corazones. **Salmos 21:2** dice: *"Le has concedido lo que su corazón desea; no le has negado lo que sus labios piden"*. Y en el **Salmo 77:20** dice que Él nos conduce como ovejas.

Comunicación que sobreabundó

Entre julio y agosto de 2009, yo necesitaba comunicarme con algunas personas para algo relacionado con trabajo. Pasó el tiempo y no había comunicación. Yo había mencionado eso en oración, pero pasaban los días y no había respuesta. La falta de comunicación produce desagrado.

Un día decidí sentarme en el sofá de la sala del apartamento y orar proclamando con intensidad que me respondieran.

No pasó mucho tiempo cuando la persona más clave con quien deseaba hablar me llamó para hablar de trabajo. La comunicación se prolongó y duramos más de una hora hablando por teléfono. Luego alguien más se comunicó en relación a lo mismo y después hubo comunicación continua por un tiempo. También recibí explicación porque no me habían podido contactar y aun pedían excusas por eso.

A veces el Señor quiere que oremos con intensidad y proclamación y no solamente que le mencionemos ligeramente lo que pedimos. **Salmo 130:2:** *"Estén atentos tus oídos a mi voz suplicante"*.

Se le concedió el tiempo que deseaba

Julio 1 de 2009. Hace unas semanas alguien en la familia había estado siendo atacada con un resfriado y con dolor de garganta. De la consejería médica le habían dicho que no hablara para que la garganta descansara. Por más o menos tres semanas, ella había estado comunicando por escrito lo que deseaba decir. Al regresar de un viaje de tres días, debía ir al médico.

Cunado llamó, el primero no la atendía porque tenía que ir al especialista. El segundo médico no podía; el tercero, tampoco.

Cuando llamó para la última posibilidad que quedaba, la médica le dijo que tenía que esperar más de una semana. Pero la persona en necesidad me pidió que oráramos. Lo hicimos proclamando que le dieran tiempo lo antes posible, que si fuera necesario que alguien cancelara su visita y, en vez de eso, que la llamaran. Terminamos de orar y, unos minutos más tarde, timbró el teléfono. Era una llamada del consultorio, diciendo que podía ir al día siguiente para hablar con la médica. Cuando recibió la visita de la doctora, ella la examinó y le dijo que podía seguir hablando naturalmente, pero que no gritara ni susurrara.

De esa forma, ella no tuvo que esperar más de una semana hablando de una forma dificultosa. ¡El Señor es maravilloso! Él nos contesta en el momento preciso.

Algo más que sucedió con la bendición anterior fue que una amiga había llamado para hablar con ella, pero no podía comunicarse. Así que yo hablé con ella por teléfono, sentí de compartirle acerca de la respuesta de oración que recibimos. Ella se comunicó con alguien que experimentaba algo parecido con relación a una visita que demoraba mucho. Al contarle de nuestra respuesta de oración, esa persona fue bendecida. **Salmos 3:4** *"Clamo al Señor a voz en cuello y desde su monte santo él me responde"*.

Colombia 2008

En enero del 2009, estando con mi hijo en Colombia, hicimos un viaje desde Bogotá a Ipiales en bus. El propósito era visitar un sobrino que vive en Ecuador. Nos habían dicho que podíamos pasar la frontera con pasaporte, pero cuando llegamos ahí nos pedían también pasado judicial.

Como era un viernes y había mucha gente tratando de obtener este documento, creímos que lo mejor era desistir del viaje, ya que no disponíamos de tiempo suficiente para esperar hasta el lunes siguiente.

Por teléfono hablamos con mi sobrino y quedamos en que podríamos esperar y que él viniera a Ipiales para vernos. Pero, cuando pregunté por pasajes para viajar a Bogotá o Cali, no había sino hasta el martes de la semana siguiente. Al no haber cupo para viajar, al final decidimos que regresaríamos a Bogotá o, por lo menos, hasta Cali.

Llamé a mi sobrino y le dije que no podíamos esperar que él viniera por razones de falta de transporte para regresar a Bogotá. Después de todo esto, le dije a mi hijo que necesitábamos orar para que el Señor nos ayudara con el regreso, para no tener que esperar hasta el martes de la semana siguiente, ya que no disponíamos ni de tiempo ni del dinero necesario para quedarnos en Ipiales.

Cuando terminamos de orar, fui nuevamente a la ventanilla de la empresa que nos habían recomendado viajar y, cuando la muchacha me vio, me dijo que yo tenía "suerte" porque dos pasajeros habían acabado de cancelar su viaje a Bogotá. *"Tú escuchas la oración, a ti acude todo mortal"* (**Salmos 65:2**). Dios escucha la oración que se hace del corazón.

Deseábamos asiento en un lugar lo más al frente posible, ya que el viaje era muy largo. Le pregunté qué asientos eran y me dijo que eran el 5 y el 6. Estos eran unos puestos excelentes. Inmediatamente saqué el dinero y se los pagué. Qué maravilloso es el Señor, cuando uno de corazón le pide lo que necesita y Él lo da en el instante que se necesita y si está en línea con su voluntad.

Justo terminé la oración cuando empezó a solucionarse el inconveniente

En la última semana de diciembre del 2009, mi esposa y yo fuimos a la iglesia a ver una producción sobre mártires por la fe cristiana.

Hacía un frío muy intenso. Una pareja que vivía cerca de nuestro apartamento nos había llevado en su carro, pero él tenía que quedarse en la iglesia después de la producción.

Por un momento, estuve dependiendo de lo que creía que era la solución, buscando respuesta en mi propia forma de ver las cosas, sin tener en cuenta la intervención de Dios. Pero no era así. Cuando empecé a depender del Señor, empezó a venir la solución.

Tratamos de encontrar a alguien para preguntarle si podía llevarnos en carro a casa. Después de un corto tiempo, no encontramos a nadie. De repente vino alguien a quien le pregunté y en quien yo confiaba, que era seguro que podría llevarnos a casa, pero tenía prisa para ir al trabajo y, por esa razón, no le era posible ayudarnos.

Cuando esa persona empezó a alejarse, yo empecé a orar dando gracias al Señor por alguien que nos llevara a casa. Espontáneamente, vino la misma señora, esposa de quien nos había llevado a la iglesia, diciendo directamente: "Yo puedo llevarlos a casa". Pensando en lo intenso del frío, inmediatamente dije: "¡Sí, gracias!". Nos llevó a casa evitando así que sufriéramos la intensidad del frío que hacía esa noche al haber tenido que ir caminado.

De acuerdo con su voluntad, Dios actúa en el momento preciso, cuando dependemos de Él. **Salmos 5:3** *"Por la mañana, Señor, escuchas mi clamor; por la mañana te presento mis ruegos y quedo a la espera de tu respuesta"*.

Me aprobaron los informes después de orar y proclamar

Una y otra vez vienen ataques contra mi economía. Pero siempre he tenido victoria después de proclamar y de orar con intensidad.

A fines del 2009, debería recibir dinero de los seguros. Pero el tiempo pasaba y no sabía qué sucedía. Había estado orando, pero no había señas de que hubiese una solución. Decidí seguir orando con más determinación y, un día, llegó un sobre del seguro lleno de papeles.

Algunos de estos papeles contenían exigencias, cosas que completar y que arreglar, detalles insignificantes. No me di por vencido, sino que seguí orando y dando gracias al Señor por la victoria, con más ahínco, e hice lo práctico que había que hacer. Es decir, busqué la solución de lo que se exigía. Envié de regreso los documentos y, para mi sorpresa, aceptaron todos los informes que requerían ordenando el pago que deberían darme.

Para lograr esto, me costó mucha oración intensa, proclamando y dando gracias al Señor Jesucristo por la victoria sobre la economía. Dios defiende al que clama a él día y noche (*cf.* **Lucas 18:1-8)**.

Después de orar el Señor arregló la máquina

En septiembre del 2009, el ordenador que usualmente utilizo para realizar mi trabajo de un momento a otro quedo negra la pantalla. En el disco duro tenía información importantísima de mi trabajo y no la tenía en ningún otro lado. Yo pensé por un momento que había perdido todo el trabajo que estaba guardado en el disco duro. Traté una y otra vez de prender la máquina, pero no funcionaba.

Me acosté no dejando que el enemigo me atormentara haciéndome pensar que iba a tener problemas con mi trabajo si se había perdido toda la información relacionada con lo mismo.

En algún momento, oré como en otras ocasiones, con todo mi corazón, reclamando que la máquina funcionara por lo menos mientras recuperaba la información que iba a necesitar para poder seguir realizando el trabajo.

El Señor no solamente la arregló para que recuperara la información, sino que la dejó tan buena, de tal forma que la pude seguir usando para trabajar "...haré todo lo que pidan" **Juan 14:13-14.**

Evangelismo en escuelas

Una vez visité una familia que había conocido en Ljusdal,

en el grupo de oración. Ella enseñaba inglés como reemplazante. Cuando proyecté la película, comenté en el grupo de oración sobre la película que proyecté. Cuando regresé a visitarles, la señora que enseñaba inglés dijo que, por haber informado que yo había proyectado la película cristiana a los alumnos, ella, también proyectaba películas de carácter cristiano para sus alumnos cuando tenía la posibilidad.

Esta familia había comprado la misma película que yo había proyectado en el colegio. La película era en inglés y español. Les pregunté si me la podían prestar para proyectarla en el nuevo colegio en el que estaba trabajando en el norte.

Me la prestaron. Me puse muy feliz por poder disponer de una película que estaba en inglés y español, ya que la que me habían prestado antes era en inglés y sueco, pero yo enseñaba español. Todos decidieron ver la película. En todo esto había un propósito que humanamente nadie lo creó. Los alumnos pudieron entender el mensaje de la película bastante bien.

1 Tesalonicenses 3:11: *"Que el Dios y Padre nuestro, y nuestro Señor Jesús, nos preparen el camino para ir a verlos"*. El dirige nuestro camino a otros.

Avión en 2011

En un viaje que hice de Östersund a Uppsala, había comprado un billete para viajar en avión. La noche que se realizaría el viaje llegué al aeropuerto de Östersund. Hice los trámites hasta que llegué a la sala de espera para abordar el avión.

Después llegó el momento en el que anunciaron que deberíamos abordar. Subimos todos los pasajeros. Hicieron anuncios de horarios, salvavidas, revisaron las luces y explicaron otros detalles relacionados con el viaje. Cuando caminaba por la plataforma de aterrizaje, para entrar en el avión, en el momento que lo vi, sentí un poco de inseguridad.

La inseguridad no era tan fuerte, pero no se quitaba. Después de los anuncios ya listos para empezar el viaje, hubo una pequeña demora. Luego, por medio de los parlantes, se escuchó el anuncio que un motor no funcionaba. Yo empecé a orar en lenguas y proclamar que Dios interviniera en las decisiones del viaje. Volvieron a anunciar que iban a intentar encender nuevamente el motor. Yo empecé a orar específicamente que no mandaran ese avión; yo clamé y proclamé que no lo hicieran. Volvieron a anunciar que no era posible, pero que iban a intentar usar el sistema de reserva para realizar el viaje. La inseguridad creció al máximo en mí, lo cual me llevó a orar aún más intensamente para que no mandaran el avión.

En lo natural, no sé qué fue lo que Dios usó para hacerles decidir no enviarlo. Así que, después de unos pocos minutos, se oía el anuncio hecho por el piloto de que no iban a enviar ese avión, que deberíamos bajarnos y regresar a la sala de espera del aeropuerto.

Para mí, mi oración fue contestada y la paz invadió mi ser nuevamente. Al salir cerca de la cabina, estaban las azafatas y les dije que les agradecía porque que no habían enviado ese avión. Después, por una cosa y otra, pensé viajar en tren, pero no nos habían informado qué determinación iba a tomar la compañía de aviación para solucionar el viaje de todos los pasajeros.

Llamé a casa para que preguntaran si había tren nocturno. Había uno, pero era bastante complicado. Entre otros inconvenientes, había que ir del aeropuerto a la estación del tren, encontrar la maleta que había enviado, no sé si había transporte público a esa hora para ir del aeropuerto a la estación del ferrocarril. Anunciaron que vendría otro avión para llevar a los pasajeros y que saldríamos a las 22:30 de la noche.

Al oír esto, la paz no fue quitada. Con este anuncio, pensando en el nuevo avión, me sentí bastante seguro, así que seguí dando gracias al Señor para que todo saliera bien y llegáramos sin ningún percance. Llegué a eso de las 12:30 de la noche a casa, pero todo el viaje fue sin problemas mayores.

Por haber orado, creo que el Señor, influyendo en la decisión de no enviar el avión que no ofrecía seguridad mecánica, nos protegió de una posible catástrofe aérea. **Salmo 121:7-8** dice: *"El Señor te cuidará; de todo mal guardará tu vida. El Señor cuidará tu salida y tu entrada, desde ahora y para siempre"*. Dios nos guarda y protege.

Después de orar para que le abrieran puertas pudo ir al colegio a dar Biblias

Mientras estaba trabajando en el colegio, en el norte de Suecia, una vez que el colegio donde yo trabajaba tenía actividades con otro colegio en un pueblo cerca de Noruega. Estando en la cafetería del colegio, vi a un hombre que ayudaba con el trabajo de la cafetería.

Salí del colegio, más tarde regresé y el hombre todavía estaba ahí. Pensé por un momento que él daba la impresión de ser cristiano. Por tanto, me senté al lado de una de las mesas. Él hombre vino a hablar conmigo y me preguntó de dónde era. Hablamos de que él enseñaba idiomas. Le dije que yo enseñaba español. En algún punto de la conversación, me dijo que él había estado en Estados Unidos. Le dije que yo había estado allá en 1984, en Los Ángeles, para los Juegos Olímpicos. Me preguntó si había estado participando como atleta. Le dije que no, que había ido con un grupo cristiano de jóvenes.

Él me dijo que había estado también con un grupo cristiano. Después de que llegamos a este punto, empezamos a hablar abiertamente de cristianismo, quedando resuelta la incógnita de si él era cristiano, o solamente era una convicción mía.

Me dijo que había un grupo de jóvenes cristianos que se reunían los lunes en Åre, un pueblo cerca de donde estábamos. Después de todo, quedamos en que yo iría al grupo. Llegó el lunes y fui. Era un grupo de jóvenes que habían tenido un reencuentro con el Señor y estaban en su primera etapa de comunión con Cristo.

Era algo especial estar ahí. Unas semanas después, recibí una llamada de un hombre relacionado con ese grupo. Me dijo que había sabido que yo trabajaba como profesor de español y que era una alegría saber que hubiera profesores cristianos en colegios del área.

Me contó que había intentado visitar el colegio para dar partes de La Biblia a los alumnos, pero que no era posible. Me invitó ir a su casa. Le dije que sería bueno que oráramos por los colegios de esa área. Llegó el día en que fui a visitarle y oramos intensamente por el colegio donde no le habían permitido ir a repartir las Biblias.

Una vez después de que terminamos de orar en el grupo de oración en Uppsala, recibí una llamada. Era el mismo hermano que me llamaba para decirme que iba a ir al colegio al que antes no le habían permitido ir, pero que después de que oramos, se le abrieron las puertas para dar Biblias a los alumnos. Era muy animante recibir la respuesta de oración de esa forma. De inmediato, empecé a contarles a los otros en el grupo cómo Dios respondió la oración para que ese hermano pudiera dar las Biblias.

En su tiempo, el Señor contesta la oración y abre las puertas. **Salmos 88:2** dice: *"Que llegue hasta ti mi oración; presta oído a mi súplica"*.

El hielo por donde había que caminar en el andén desapareció

Diciembre del 2011. Esa semana había caído nieve y había hecho frío. Luego subió la temperatura, llovió y la nieve se convirtió en hielo. Los primeros días de la semana tenía que ir temprano al colegio para empezar el trabajo. Salía de la casa a eso de las 7:30 de la mañana y a esa hora estaba bastante oscuro. La luz no es tan fuerte para ver por dónde es el mejor lugar para caminar y evitar el hielo. Un día creo que gasté el doble tiempo de lo acostumbrado para llegar al trabajo. Había que caminar con mucho cuidado para no resbalarse y darse un golpe.

A veces deseaba continuar el viaje gateando para más seguridad de no caerme. Esto sucedió más de una vez. Hubo un momento en que tuve la convicción de orar específicamente, y de lo más profundo de mi corazón, para que no hubiera más hielo en los andenes por donde se camina. Esa noche sopló un viento seco. La temperatura del día había sido moderada. No había llovido ni caído nieve. Así que el viento que el Señor mandó secó los andenes por donde se camina y, al día siguiente, cuando tenía que caminar hacia el colegio, se podía caminar tan bien como si fuese en el verano. Gracias al Señor por Su respuesta a mi oración.

Una cosa que noté fue que continuó la temperatura que permitía que los andenes quedaran secos por las partes donde se camina. Porque al día siguiente, después de que eso sucediera en el pueblo donde vivía y trabajaba, fui a un pueblo que queda a 10 kilómetros y allá había nieve, hielo y había que tener cuidado de no caerse por lo resbaladizo. No había orado porque sucediera lo mismo allá y creo que tampoco nadie lo había hecho.

Volvió a caer nieve, pero la temperatura no subió para que la nieve se convirtiera en hielo y, cuando esto no sucede, caminar sobre la nieve no hay mucho riesgo de resbalar, a pocos días de terminar el trabajo en Mörsil y mudarme a Uppsala. Los pronósticos mostraban que no iba a haber más posibilidades de hielo. Desde el día de las dificultades con el hielo, estuve dando gracias al Señor para que no hubiera más hielo durante el tiempo en Mörsil y el Señor fue fiel contestando mi oración, pues no volví a experimentar las mismas dificultades de caminar por causa de hielo en Mörsil antes de irme. *"Lo que pidan en mi nombre, yo lo haré"* (**Juan 14:13-14**).

Fiestas de fin de año 2011

Al terminar el contrato de trabajo en Mörsil, el día que iba a regresar a Uppsala tenía un pasaje para ir en bus y tren a Uppsala. Tenía que hacer el cambio en otra ciudad y para eso tenía 10 minutos. Cuando llegó el bus al paradero, venía con retraso. Cuando subí, le pregunté al conductor si alcanzaría a tomar el tren. Uno de los comentarios era que el tren no esperaba por el retraso del bus.

Ese bus era el que recogía los alumnos y, por lo tanto, tenía que parar muy continuo para dejar a los alumnos en las paradas que lo requerían, lo que generaba aún más pérdida de tiempo y retraso en el bus. En medio de todo, oré en gratitud para que alcanzara el tren, pues llevaba maletas pesadas. En la ciudad en la que debía cambiar de transporte no había sala de espera. Esperar en la intemperie no era lo más halagador, ya que hacía una temperatura de menos 11 grados bajo cero. Cuando terminó de dejar a los alumnos, aceleró la marcha normal y sin demora. Cuando llegué a la estación, vi que estaba una señora esperando el tren. Le pregunté si ya había pasado. Me dijo que dependía cual tren, porque ya uno había pasado, pero que el que iba para Estocolmo no.

Se me alegró el corazón cuando supe que no era el tren que iba para Estocolmo que había pasado, pues llegué, esperé unos minutitos y el tren que me llevaría a Uppsala empezó a verse a la distancia. Gracias al Señor por contestar oraciones de gratitud. *"Clama a mí y yo te responderé"* (**Jeremías 33:3, RVR1960).**

¿Dónde pasar el fin de año?

Nos habíamos preguntado dónde deberíamos pasar el fin de año si, en el norte, en Uppsala, o en el sur. Oramos una y otra vez. Decidimos ir al sur, así que llegué el 22 de diciembre del norte y el veintitrés empacamos las maletas en el carro y salimos con destino al sur.

Pasamos los días de Navidad con mi suegra, en una casa especial de huéspedes donde se puede celebrar Navidad en familia. El 25 supimos que en el norte había habido una tormenta intensa de viento y mal tiempo. La tormenta había bloqueado las carreteras y las vías férreas y se habían tumbado árboles, entre otros estragos naturales.

El tren que circula entre la provincia donde yo trabajaba y Estocolmo vía Uppsala quedó bloqueado y la gente tenía que estar en el tren por horas. Otros tenían que dormir en las estaciones de tren, sin poder seguir el viaje.

Por haber orado insistentemente que el Señor nos guiara a saber dónde pasar las fiestas de la Navidad, el Señor me libró de tormentas en mi regreso a Uppsala y a todos del problema con las tormentas si hubiéramos ido al norte. *"Me guías con tu consejo y más tarde me acogerás en gloria"* **(Salmos 73:24).** El consejo de Dios nos guía para que no nos frustremos y suframos las consecuencias.

Capítulo 6
Nuevas experiencias

Seguía experimentando las soluciones a muchas grandes y pequeñas circunstancias a veces difíciles.

Reflexiones

Al Señor Jesucristo le gusta hacer milagros. En una ocasión, los cobradores de impuestos le preguntaron a Pedro si Jesús ya había pagado el impuesto. Pedro le reportó eso al Señor y Jesús le dijo que fuera y abriera la boca de un pez y que ahí encontraría una moneda, que fuera y pagara con eso los impuestos por él y por Jesús (*cf.* **Mateo. 17:24-27).**

Este milagro parece no ser muy complicado, pero sí muy importante, y no solamente porque fue hecho por el Señor, sino que también le pareció bien al Espíritu Santo guiar para que se escribiera en la Biblia.

Siempre, incluso en estos tiempos, el Señor Jesucristo se goza respondiendo oraciones y haciendo gran variedad de milagros.

Solución con los teléfonos

En una ocasión, los teléfonos dejaron de funcionar adecuadamente. Compramos unos nuevos y alguien en casa se puso a arreglarlos para la instalación.

Al poner las pilas y luego la tapa de uno de los teléfonos, ésta quedó mal prensada. Traté de sacarla, pero no era posible. Al hacer el mismo trabajo con el otro teléfono, sucedió lo mismo. Ya teníamos dos problemas. Tratamos de sacar las tapas de los dos teléfonos de una y otra forma, pero no era posible.

En un momento determinado, cuando ya estaba empezando la frustración por este inconveniente; alguien oró que el

Espíritu Santo nos ayudara, que Él sabía cómo podríamos sacar las tapas forzadas. Luego demoró un mínimo de tiempo después de la oración cuando saqué la primera tapa, y luego la segunda. Puse la primera, que quedó perfectamente bien, y luego puse la segunda sin ningún inconveniente. El Señor dio la solución a nuestro problema contestando la oración. *"Tú escuchas la oración, a ti acude todo mortal"* (**Salmos 65:2**). El Señor oye la oración y da respuesta.

¿Quedó inconsciente por el golpe al caerse?

Una vez, temprano por la mañana, me levanté cuando todavía estaba oscuro. Frente al edificio donde está el apartamento donde vivimos, había una calle principal. Como las ventanas del apartamento son amplias, cuando me dirigí a escribir en el ordenador que estaba cerca de la ventana, vi que venía alguien en bicicleta. La noche anterior había nevado mucho y, cuando esto sucede, las calles se ponen lisas. Quité la mirada de la calle y seguí caminando hacia la ventana. De repente, cuando alcé la vista nuevamente hacia la calle, vi que la persona que venía en la bicicleta estaba tendida sobre la vía que pasan los carros.

Quedé observando la situación y, por un rato, la persona no se movía nada. Empecé a orar en lenguas y a la vez pensar que no viniera ningún carro rápido y que pasara alguien quien pudiera ayudar a esa persona si necesitaba ayuda. Seguí orando en leguas y nadie vino. Pero después de un tiempo corto la persona empezó a moverse y luego apareció un carro a la distancia, pero antes de que el carro se acercara al lugar donde se encontraba la persona tendida, no solamente se movía, sino que ya había logrado levantarse y mudar su bicicleta a un lado de la calle.

Seguí orando. Luego la persona subió nuevamente a la bicicleta y siguió su viaje. Oré para que no se volviera a caer.

Si la razón por la que la persona quedó un rato tendida y sin moverse en la vía por donde pasan los vehículos fue porque quedó inconsciente, por el golpe de la caída. Eso pudo ser posible, pero como Dios oye y contesta oraciones, yo puedo creer que la causa por la que el Espíritu Santo me guio a orar por la situación de esa persona fue para que Dios actuara, ministrándola y ayudándola a salir del peligro en que estaba expuesta. El dirige nuestros caminos a otros (*cf.* **1 Tesalonicenses. 3:11**).

La corrección en inglés

Desde hace unos años he tenido la convicción de escribir lo que Dios ha hecho conmigo y a través de mí.

Durante un lapso de tiempo, he escrito en inglés varias experiencias, pero como el inglés es mi segundo idioma, todavía siento inseguridades. Por lo tanto, siempre pensé en pedirle a alguien que leyera las experiencias y corrigiera el idioma.

Yo conocía a un hombre de origen inglés que había trabajado como misionero. Si no fue el primero en quien pensé, fue uno de los primeros en quien tenía en mente dárselo para que lo corrigiera. Cuando tenía claro en mi mente que debería ser él, empecé a buscar su número telefónico, pero no lo encontré. Después busqué nuevamente una y otra vez, pero no fue posible encontrar el número de su teléfono. Siendo yo un poco impaciente, empecé a buscar ayuda en otras personas. Cuando preguntaba, me hacían sentir inseguro.

Una vez pregunté a alguien a quien he considerado competente para eso, pero me dijo que no podía. Casi me desanimé de querer seguir tratando el asunto. No obstante, un buen día, viendo la lista de los teléfonos que antes había hojeado, sin estar buscando el teléfono del hombre en quien siempre había pensado para pedirle ayuda con la corrección, apareció el número de teléfono frente al nombre de él. Estaba un poquito escondido entre los otros nombres.

Un día por la mañana decidí llamarlo y explicarle de mis escritos. Cuando le expliqué que necesitaba ayuda con corrección, la respuesta fue muy positiva. Quedamos que le enviaría el trabajo tan pronto como fuera posible. Me puse a preparar el trabajo escrito y se lo envié.

Unos pocos días después, me llamó para decirme que ya lo había corregido, diciéndome que era muy interesante lo que había escrito. La buena actitud de este hermano y la buena disposición de querer ayudarme me produjo mucho ánimo. Fue una respuesta de oración y aprendí que es importante hablar con la persona correcta en el tiempo correcto para el asunto correcto.

El hecho de que no encontrara el teléfono era porque no era el tiempo correcto cuando quería llamarlo y por eso no tenía éxito a la hora de encontrar el número del teléfono. La razón que no me ayudaron los otros a quienes pedí ayuda era porque no eran las personas adecuadas para ayudarme. Eso también era causa de frustración. Yo estaba fuera del tiempo por impaciencia y estaba hablando con las personas incorrectas. **Lucas 11:9.** Hay que pedir y Dios nos da de acuerdo a su voluntad.

Después de orar la función quedó instalada

Una vez que teníamos que comprar un ordenador para realizar los trabajos necesarios, tuve que instalar nuevos programas. Tenía que instalar uno para corrección de idiomas. Pero había una función que no quedó instalada.

Trabajé una y otra vez buscando la manera de instalar la función, pero no me fue posible. Después de más o menos tres días de haber estado trabajando una y otra vez sin éxito, decidí orar pidiendo al Señor que me ayudara a encontrar la forma de que la función quedara instalada.

Oré de todo mi corazón. Cuando volví a intentarlo, apreté un par de botones y la función quedó instalada en cuestión de un par de minutos. Este testimonio está corregido con la función a la que me refiero. Gracias al Señor, ya que cuando dependemos de Él, no se demora en ayudarnos. *"Buscad primero el reino de Dios… y lo demás les será añadido…"* **(Mateo 6:33)**

El animal terminó de hacer ruido

Una mañana muy temprano un animal estaba haciendo ruido muy continuo. El ruido no me dejaba dormir. Di gracias al Señor y le pedí que se callara o se fuera a hacer ruido a otro lado. Pasarían unos cinco minutos y el ruido cesó. Luego demoró otros cinco minutos y el animal empezó a hacer ruido nuevamente. Oré de forma más intensiva y determinadamente para que el ruido se quitara, callándose el animal o yéndose a otro lugar donde yo no lo oyera.

Pasaron pocos minutos y, cómo sucedió, no lo sé, pero lo que sí sé fue que Dios contestó mi oración. Después que hubo silencio pude dormir y descansar ininterrumpidamente. Hasta el momento en que escribí este testimonio el ruido había desaparecido.

No necesariamente hay que lograr algo para orar y que Dios conteste las peticiones. Solo hay que orar determinantemente y con el corazón. **Salmos 18:6** dice: *"En mi angustia invoqué al Señor; clamé a mi Dios por ayuda. Él me escuchó desde su Templo; ¡mi clamor llegó a sus oídos!"*.

El CD del sonido

Una vez guardé la copia de seguridad de un programa de sonido para computación en un lugar que después de un tiempo al buscarlo no recordaba dónde lo había puesto. La razón que lo había guardado separado de los otros discos era por la importancia que tenía.

Busqué revisando todos los libros, los discos y donde pensé que lo había puesto. Ya había gastado bastante tiempo. Por lo menos, por más de dos días había estado buscando una y otra vez y no lo encontraba. Como era un programa importante, llegó el momento que pensé que tendría que denunciarlo como extraviado.

Antes de tomar esta decisión, oré clamando al Señor que me guiara a buscarlo si había algún lugar que faltaba por revisar.

Casi directamente, después de orar, fui a revisar un cajón en el que había varios papeles y en el que no había buscado detalladamente. Saqué unos sobres, luego unos papeles, y debajo de eso estaba una bolsa plástica con papeles. Revisé la bolsa y para mi gran sorpresa el CD del programa que ya había dado por extraviado estaba entre lo que contenía la bolsa. De alegría por haberlo encontrado empecé a cantar y danzar, dando gracias al Señor para que quien me oyera participara de mi gozo por la respuesta de oración.

"En la casa de los hombres fieles hay alegres cantos victoriosos" (*cf.* **Salmo 118:14-16).** Siempre hay que insistir y no darnos por vencidos hasta que llegue el éxito que necesitamos, y cuando lo que deseamos está dentro de la voluntad de Dios, Él nos ayuda a lograr la victoria esperada. Dios es un buen padre, que da buenas cosas a sus hijos (*cf.* **Mateo.7:11-12).**

La máquina quedó equipada con un programa compatible

Por algunas razones no podía usar la máquina nueva. Necesitaba seguir usando una computadora vieja con Windows 98. No tenía programa de antivirus. Como es una maquina vieja no quería comprar un programa, empecé a buscar un programa gratuito por Internet, pero era muy difícil encontrar uno.

Llegó un momento que me sentía cansado y ya no sabía que hacer. Así que decidí parar de buscar y orar. Hice una oración sencilla con todo mi corazón, pidiéndole al Señor Jesucristo que encontrara un programa que fuera compatible con Windows 98.

Después de orar, empecé a buscar nuevamente por Internet. Demoró un par de minutos cuando apareció una página que decía que se podía descargar un programa, que era gratuito y compatible con Windows 98.

Empecé la instalación y la máquina quedó equipada con un programa compatible de antivirus. De esa forma pude seguir trabajando sin ningún obstáculo. O como dice **Lucas 1:79:** *"para guiar nuestros pasos por la senda de la paz"*. Una y otra vez, Él nos encamina por caminos de paz.

Éste es un detalle pequeño. Pero el haber obtenido solución por medio de la respuesta a mi oración hizo que todo fuera muy importante. Pude seguir trabajando y ahorré tiempo de seguir buscando algo que no existía. El programa era compatible con el que tenía la máquina y me produjo tranquilidad de no tener una máquina infectada, sabiendo que tenía un programa de antivirus y además era gratuito.

Correo contestado

Paralelamente con la situación que narro anteriormente, yo esperaba respuesta escrita de alguien. Pasó el tiempo y no recibía respuesta. Igual que en otras ocasiones me mantuve firme dando gracias al Señor Jesucristo por la respuesta.

Pasaban los días, las semanas, los meses y no llegaba ninguna comunicación. En algún momento, pregunté al Señor en oración si debía hacer algo.

La convicción que tuve fue de escribirle a la persona de quien esperaba comunicación. Literalmente, recibí ideas de lo que debería escribirle. Era un mensaje bastante corto, pero muy adecuado y muy concreto. Todo el ambiente era como si viniera del Cielo y yo creo que de allá venía.

Al día siguiente después de que envié el mensaje, llegó la respuesta que deseaba. ¡Aleluya por la respuesta! Además de la oración, a veces necesitamos estar más sensibles al Espíritu Santo para actuar recibiendo la guía específica del Señor. Dios nos guía en el camino correcto cada vez que necesitamos (*cf.* **Salmo 139:24**).

Prueba tras respuesta de oración

En una de mis visitas a Colombia estando en Bogotá visité a un hombre para pedirle que leyera un tema y me diera sugerencias.

El me prometió hacerlo y me dijo que me comunicara con él en una fecha específica. Yo lo hice, pero por razones de estar ocupado, él no había leído el tema.

Lo mismo pasó una y otra vez cuando sentí que la única forma de solucionar el asunto era orando. Me puse a hacerlo. Empecé dando gracias al Señor por ese hermano y para que él leyera el tema. No permitiendo frustración y menos enojo, seguí proclamando victoria sobre la situación.

Yo entendía que este hermano no hacía lo que me había prometido. No por razones de descuido o por elegir hacer así. Entendía que él estaba muy ocupado y que Dios estaba usando esa situación para probar mi paciencia. La palabra dice que todo lo podemos en Cristo que nos fortalece (*cf.* **Filipenses 4:13).**

No me comuniqué más con él, sino que esperé hasta última hora, unos días antes de regresar a Europa. Cuando hablamos nuevamente, no le dije nada del tema. Le dije que pronto viajaría. Este hermano reconoció el hecho de no haber leído el trabajo y me dio una explicación, dándome a entender que lo haría antes de que yo viajara.

Él me invitó a una reunión. Durante ésta y, en un buen momento, leímos el tema. Él me dio unas sugerencias valiosas e importantes. De esta forma, el Señor contestó mi oración y me ayudó a no entrar en frustración. Como premio, guio a este hermano a darme sugerencias de cómo mejorar el tema, lo cual ha sido de mucha ayuda.

Después de todo, la palabra quedó sembrada por Internet

Evangelizando por Internet, alguien con ideas de hinduismo se comunicó conmigo. Como escribía, se podía entender que era una persona llena de rechazo. Después de un rato empezamos un diálogo. Él me contó que había sido "cristiano" pero que en el cristianismo no había encontrado lo que deseaba.

Él decía que una vez vino un personaje y que le había dicho que era "Cristo" y que él había venido a la tierra hacía 70 años y que ahora estaba en la India, escondido en un pueblo pequeño. Este señor con ideas de hinduismo creía que eso era la verdad. Le hablé del amor del Señor Jesucristo, explicándole que Jesús era la verdad para la vida de él. Después no pudimos seguir la comunicación. Pero esto me hizo reflexionar y recordar lo que dice la Palabra de Dios con relación al tema.

Para los que entendemos lo que la Palabra de Dios dice con relación a la Segunda Venida de Cristo, estamos de acuerdo en que Él vendrá de la misma forma como fue tomado al Cielo (*cf.* **Hechos 1:11**). La Palabra de Dios nos advierte que si alguien dice que Cristo ya vino necesitamos estar alerta y no dejarnos engañar.

Porque en los últimos tiempos, *"surgirán falsos Cristos y falsos profetas"*, según se dice en **Marcos 13:21-23.**

Necesidad de aprender a orar en lenguas

En otra oportunidad, un chico se puso en contacto conmigo. Me explicó que tenía problemas con la pornografía porque un hermano tenía material pornográfico y eso le era causa de tentación.

Me dijo si podía orar por él. Lo hice, y luego le expliqué que él debería orar en lenguas hasta que sintiera la victoria, él me contestó escribiendo que no sabía qué era orar en lenguas. El que ora en lenguas se edifica así mismo (*cf.* **1 Corintios 14:4**).

Lamentablemente no pudimos seguir comunicándonos para haberle explicado y orado con él. He orado para que el Señor lo ponga en contacto con alguien que le pueda explicar el tema de cómo orar en lenguas. Oré que si podemos comunicarnos nuevamente que yo pueda explicarle para que sepa y para que orando de esa forma obtenga victoria sobre la pornografía, ya que era un joven que deseaba salir de esa esclavitud.

El muchacho pensaba que Dios le estaba dando una oportunidad

En otra oportunidad, un muchacho se comunicó conmigo también en Internet, escribiendo que había entrado en el chat cristiano buscando a alguien quien pudiera ayudarle a ser libre de un problema.

Entre otras cosas, me contó que él había sido cristiano, pero se había apartado de los caminos del Señor Jesucristo. Pero que una noche había tenido un sueño en el que Dios se le revelaba y que le decía que debería volver a sus caminos.

El muchacho pensaba que Dios le estaba dando una oportunidad más para que estuviera en el Reino de Dios y no separado de Él eternamente. El muchacho me dijo que él quería salir del pecado y el mundo, pero que no le era posible porque otros le habían dicho que Dios lo odiaba por el pecado que hacía.

Yo le dije que antes de ser cristiano yo era mentiroso y que Dios odiaba la mentira que yo decía, pero que Él me amaba a mí.

Eso le pareció interesante y siguió preguntando cómo podría seguir al Señor Jesucristo. *"Porque tanto amó Dios al mundo que dio a su Hijo único, para que todo el que cree en él no se pierda, sino que tenga vida eterna"* (**Juan 3:16**).

Le expliqué que leyera el Nuevo Testamento. Él me dijo que si no era mejor leer la Biblia. Le dije que empezara con el Nuevo Testamento y después podría leer la Biblia.

El muchacho me dijo que deseaba conocer a alguien que hubiese tenido la misma experiencia que él y que ahora fuera cristiano para que le ayudara.

Como yo estaba en Europa y él en Suramérica, no era fácil hacer un seguimiento personal. Le dije que no necesariamente tenía que encontrar alguien que hubiese tenido la misma experiencia porque había personas que eran cristianas que ayudaban a otros y que tenían éxito en darles la ayuda necesaria.

Al final le comuniqué que una buena forma de tener victoria era ayunar por unos tres días, leyendo la Palabra de Dios y orando, pidiendo la libertad, y que si se sentía tentado a volver atrás, que volviera a hacer lo mismo, es decir, ayunar, leer y orar. El muchacho quedó muy agradecido por la explicación y por haberle dado tiempo para saber de su problema y por el consejo que le daba.

He orado que el Señor Jesucristo siga ministrándole por medio de la semilla sembrada en su corazón.

Salmo 121

Alguien del grupo de oración cumplió años y nos invitó a su fiesta a dos de la familia, que fuimos. Cuando comentábamos acerca de lo que deberíamos hacer, tuve en el pensamiento de que podríamos leer el salmo 121 y felicitarle. Como no sabíamos cómo se desarrollaría el programa, decidimos no hacerlo. Pensé que no sería necesario decirle nada del salmo porque no había mucha oportunidad de hacerlo. Antes de irnos de la fiesta, me acerqué a la cumpleañera para despedirme y rápidamente le dije que leyera el salmo.

Pensé que por todas las actividades no lo iba a recordar. Pero después, cuando nos encontramos otra vez, me preguntó que si era el Salmo 121 que le había dicho que leyera. Ella quería escribir todas las referencias bíblicas que le habían dado. Cuando nos encontramos por tercera vez, dijo que había estado leyendo el Salmo 121 en un momento en que necesitaba leer algo así y que había sido bueno. Estar sensible al Espíritu Santo puede ser causa de bendecir a otros.

Más soluciones a diferentes circunstancias

Del 21 al 22 de abril del 2018, alguien en la familia estaba con ataques fuertes de gripe. La persona tenía dificultades de levantarse. Se levantó y fue al baño. Mientras estaba en el baño, yo estaba en mi habitación y medio-dormido. Entonces sentí un golpe. Rápidamente encendí la luz y vi que esa persona estaba tendida en el piso. Cuando traté de ayudarle, no había señales de vida. Le hablé, pero no respondía nada. Me preocupé bastante al no saber qué hacer con una persona en esa situación.

Empecé a orar en lenguas. Continué y a medida que oraba, la persona empezó a dar señas de vida. Si clamamos, él nos responde (*cf.* **Jeremías 33:3).** Médicamente, yo no puedo explicar a qué estado de vida llegó esa persona. Después de que seguí orando, la persona empezó a tratar de comunicarse, pero el habla no era nada clara. Eran murmullos labiales.

La oración no solamente hizo que el Señor volviera a la vida o normalidad a quien yo trataba de ayudar, sino que tambіén Dios me dio ideas de qué hacer. Lo primero que hice fue llamar a un familiar cercano. Ese familiar me sugirió que me comunicara con el sistema médico. Vinieron, tomaron las medidas que se necesitaban y llevaron a la persona atacada al hospital. Depender del Señor en oración en un momento de suspenso y susto es de suma importancia. La persona mencionada, después de un tiempo en el hospital, regresó a casa.

Odisea del transporte

En marzo del 2015, una vez que viajaba de Rättvik a Uppsala tenía que tomar varios transportes. Terminé el trabajo unos minutos antes de que saliera el último bus para Borlänge. Corrí hasta que me fue posible. Cuando llegué a unos 200 metros del paradero, el bus partió y no me esperó[1].

Un poco más tarde, salía un bus para Falun. Creí que de ahí alcanzaría a tomar otro para llegar en tiempo a tomar el tren en Krilbo. Para lograr eso, tendría que ir a Borlänge. Tan pronto que llegó el bus a Falun, fui corriendo para tomar el que salía para Borlänge. Mientras viajaba, daba gracias al Señor por ayuda. Ya había cerrado la puerta para irse; sin embargo, el conductor, con un poco de disgusto, abrió la puerta para que yo viajara.

---

[1] Los pueblos mencionados están en el norte de Estocolmo.

Para lograr llegar en tiempo a tomar el bus que saldría de Borlänge a Krilbo, tenía apenas unos instantes. En Krylbo debería tomar el tren para el cual ya tenía el ticket. El bus de Falun a Borlänge fue directo; debía parar en un lugar, pero no hubo pasajeros que se bajaran o que se subieran. El bus que venía de Borlänge con destino a Krylbo debía venir en dirección opuesta al bus en el que yo viajaba. Tan pronto que llegó el bus en el que viajaba al primer paradero, me bajé y caminé unos metros, cuando vi que el bus hacia Krylbo asomó. Tenía que cruzar la vía. Así que le hice señal con la mano al tráfico para que parara, y logré pasar la avenida y tomar el bus.

Después de haberme sentado, todo quedó en paz. Más tarde, pensando que en Krylbo tenía solamente un minuto para cambiar del bus al tren, empezó nuevamente la tensión del viaje. Me levanté del asiento y le pregunté a la conductora si creía que era posible que yo alcanzara a tomar el siguiente tren que iba hacia Uppsala. Ella no me lo prometió.

Seguí dando gracias al Señor y pidiéndole para que alcanzara. Más tarde, en un pueblo, se subieron un hombre con una muleta y una mujer con maletas y paquetes. El hombre tenía que caminar despacio y los paquetes y la maleta que llevaba la mujer impedían que se movilizaran normalmente. Eso haría que yo perdiera el poco margen que tenía para poder alcanzar el tren.

Cuando llegaron al pueblo donde se bajaron, el hombre necesitaba ayuda con la muleta y la mujer por los paquetes no podía ayudarle. Así que me levanté de mi asiento, saqué la muleta del compartimento de equipajes y se la di al hombre. Esto como un gesto de ayuda. Creo que, por la oración, no fue difícil para ellos bajar. La conductora sabía de mi corto tiempo para tomar el tren. En mi entender ella quería salir lo más pronto posible para llegar puntual, pero cuando se bajaron, el hombre con la muleta y la mujer con los paquetes empezaron a caminar en frente del bus, no permitiéndole dar marcha.

Llegué a pensar que eso sí que haría que perdiera el minuto que tenía para tomar el tren. Desde ahí hasta la estación del tren nadie hizo que el bus se detuviera para subir o bajar. El bus llegó medio minuto antes de lo previsto. Tan pronto como la conductora abrió la puerta, le dije gracias y salí corriendo. Cuando llegué a la plataforma donde tomaría el tren, empecé a ver las luces del tren que venía. Todo esto hizo que fuera una tarde de suspenso, carreras, milagros y éxito. En todos esos detalles, estuvo el Señor ayudándome. ¡Qué bendición poder llegar a casa en tiempo! Después era divertido contarle a mi esposa todo lo ocurrido. Pero sobre todo es animante pensar en cosas en las que solamente con la ayuda divina uno puede lograr. *"La paz os doy, mi paz os doy; yo no la doy como el mundo la da"* **(Juan 14:27, RVR1960).**

El bus se demoró para bien

A principios de noviembre del 2014, un jueves iba a ir a Estocolmo para oír un coro. Después del trabajo, tenía unos minutos para tomar el bus en el que debería viajar, de manera que pudiera lograr hacer las coordinaciones con los otros buses que me llevarían a Estocolmo.

Tomé uno que al llegar a Uppsala tendría unos 3 minutos para tomar el otro bus. Se presentaron algunos impedimentos y el bus se demoró un poquito más. Al llegar a la estación, el conductor del bus en el que viajaba conducía muy despacio. Alcancé a ver por medio del vidrio del parabrisas que el bus que debería tomar para seguir el viaje empezaba a rodar. En ese momento, el deseo era muy grande para que el bus en que iba parara y se abriera la puerta. Cuando paró, se abrió la puerta y salí corriendo. El semáforo estaba en rojo, deteniendo el bus que debía tomar, pero cuando estaba por llegar, el semáforo cambió y el bus empezó la marcha. Le hice señales para haber si se detenía, pero no lo hizo.

Los pensamientos de frustración y paciencia se mezclaban, pero una convicción de paz fuerte vino y el pensamiento fue que la descoordinación que había sucedido era para bien.

Vino el pensamiento de preguntar en la estación si las tarjetas de viaje que tenía las podía usar yendo a través del aeropuerto. Caminé a la estación, pregunté y, efectivamente, las tarjetas servían. Eso permitía que no solamente iba a llegar temprano al lugar donde iba a estar, sino que podría quedarme más tiempo en el coro y llegar más temprano a casa. Eso no habría sido posible si hubiera viajado en la forma como había pensado antes.

Camino del aeropuerto hay más transporte y va más de continuo, pero si no hubiera tenido las tarjetas, viajar por esa vía habría sido muy caro. El Señor sabía que yo necesitaba saber que con las tarjetas podía viajar a través del aeropuerto. En muchos casos, lo que no nos sale como pensamos es para que recibamos algo positivo y aprendamos de los sucesos que se presentan. *"Así mismo, en nuestra debilidad el Espíritu acude a ayudarnos. No sabemos qué pedir, pero el Espíritu mismo intercede por nosotros con gemidos que no pueden expresarse con palabras"* **(Romanos 8:26).** Dios es maravilloso y nos ayudó en situaciones variadas.

El bus no se fue

En un viaje de Uppsala de regreso al trabajo en Mörsil, había comprado un pasaje hasta Östersund. Cuando llegué a la estación, noté que el tren iba a parar en una estación cerca de Mörsil. Pensé preguntar si podría continuar el viaje y el costo. Lo hice, y cuando ya había pasado la estación de Östersund, recordé que no alcanzaría el bus. En ese momento recordé que la razón por la que no había comprado un pasaje hasta la estación cerca de Mörsil era porque la posibilidad de alcanzar a tomar el bus era mínima.

Oré que algo sucediera para que alcanzara el bus, porque de lo contrario tendría que esperar cerca de dos horas para poder tomar el próximo. Pensar esperar dos horas en un lugar donde solamente hay dos supermercados abiertos, con nieve y con un frío bajo cero, no sería lo más agradable.

Cuando iba llegando el tren, me alisté para salir lo más pronto posible. Apenas se detuvo, abrí la puerta y empecé a caminar lo más rápido que me era posible. Había nieve y hielo. Como era domingo y había nevado mucho, no habían trabajado limpiando los andenes. Así que, para pasar una carretera bien concurrida, no podía pasar normalmente por causa de la nieve. Para llegar al lugar de destino había que dar una vuelta y eso tomaba unos minutos, lo que sería causa de agotar más las posibilidades de alcanzar el bus que me proponía tomar.

Me arriesgué a pasar por entre la nieve, acortando el tiempo y el camino. Seguí caminado lo más rápido posible y, cuando llegué a la esquina de donde se veía el paradero del bus, vi que el bus empezó su viaje. Empecé a correr aún más y a hacer señas con la mano para que me esperara. Estaba haciendo la parte que me era posible. Dios hizo lo que yo no podía en ese momento. Creo que fue Él quien hizo que la conductora mirara al espejo retrovisor y que me viera corriendo y haciendo señas para que me esperara.

Ella no tenía ninguna razón de mirar el espejo porque el bus iba hacia adelante y, después de partir, se detiene solamente en el paradero siguiente. El Señor tiene una infinidad de formas de contestar las oraciones. Él usa detalles que uno ni se puede imaginar. Gracias, Señor, que no tuve que esperar casi dos horas, en el frío y la nieve. **Mateo 14:27**, en la versión Reina Valera 1960, dice: *"Tened ánimo, yo soy, no temáis"*. Lo he proclamado en tiempos de adversidades.

El tren no continuó el viaje

A principios de diciembre del 2015, todavía trabajaba en Rättvik y vivía en Upsala. Los miércoles tenía que viajar en tren a Falun y de ahí tomar un bus que me llevaba al colegio. Sin obstáculos o demoras, siempre llegaba a tiempo antes de enseñar la primera lección. Un miércoles el tren no pudo continuar el viaje porque algo del sistema se dañó. Antes de que nos avisaran, tuve la convicción de comer algo que llevaba para almorzar antes de llegar al colegio. Usualmente hacía eso llegando a Falun. Pero el tiempo que tenía era muy corto para sentarme a almorzar en un restaurante.

Estaba terminando de comer cuando nos dijeron que el tren no podía continuar. Entonces entendí la razón de la convicción de comer en ese momento. Luego tuve la idea de ir a donde estaba el personal para obtener más información de lo que sucedía y para saber cómo podría llegar a tiempo a mi trabajo. Nadie se había atrevido a preguntar nada. Cuando hablé con la cobradora, me preguntó sobre el horario del bus de Falun a Rättvik y lo sabía de memoria. Eso hizo que ella me diera prioridad de hacer los arreglos para que yo pudiera llegar a tiempo a mi trabajo.

Después vino más gente preguntando cómo deberían viajar. La empresa contrató autobuses especiales para que llevaran los pasajeros a las ciudades más grandes y cercanas. Pero el bus de Falun iba a llegar muy tarde y yo no alcanzaba a tomar el que me llevaba a Rättvik. Sin embargo, había también otro pasajero que tenía que ir a otra ciudad que estaba más lejos de Rättvik sobre la misma carretera. Así que la empresa ferroviaria hizo arreglos para que ese pasajero y yo viajáramos en taxi.

Mi deseo era llegar en tiempo para enseñar. Llegaron los buses y se fueron, pero no llegaba el taxi. El conductor había llamado al otro pasajero diciéndole que llegaría en 20 minutos, pasaron los 20 minutos y el taxi no llegaba, por fin llegó después de más de media hora. Yo deseaba que fuera lo más rápido posible, la carretera era de dos carriles, uno era de ida y otro de venida, había curvas y lomas pequeñas que tapaban la visibilidad para adelantar un vehículo al otro.

Para más suspenso, delante del taxi viajaba un camión enorme cargado de madera a una velocidad inferior a la que el taxi podía ir. Yo oraba en diferentes formas, pero no sucedía casi nada. El taxi no podía adelantar al camión y el tiempo pasaba. El conductor puso la radio, que transmitía lo del Premio Nobel. Empezaron a leer el libro de la autora que ganó el Premio Nobel de Literatura. Algunas cosas que narraban eran paralelamente suspensas a lo que estaba experimentando en ese momento.

Al fin, el camión desvió y el taxi quedó con la vía libre. No demoró mucho cuando alcanzó dos coches. El que iba más adelante iba bastante despacio y, por las mismas razones que no podía adelantar el camión, tampoco el taxi podía adelantar los coches. Seguí orando y no demoró mucho para que el coche que iba más lento tomara otra ruta. Desde ese momento, el taxi tuvo casi todo el tiempo vía libre.

Antes de llegar, le dije al conductor que usualmente, cuando iba en tren y bus, el bus me dejaba en el paradero más cercano al colegio y le pregunté que si tenía derecho de que el taxi me llevara también allá. El otro pasajero intervino y dijo que yo debería explicarle al conductor cómo llegar al colegio (por lo que oí cuando el pasajero habló con alguien, éste debía de ser juez o abogado). Dar la explicación sobre cómo ir al colegio era lo menos difícil. El conductor aceptó dejarme cerca. Llegué unos minutos antes de que empezara la primera lección. Jesucristo es fiel, ayudándonos en detalles que, si no fuesen así, por lo menos yo no funcionaría como se debe en casos como el que describo aquí. Él nos encamina por donde debemos ir (*cf.* **Isaías 48:17**)

Oración en Estocolmo

Afines de septiembre del 2014 estuve en un grupo hispano en Estocolmo. Un hermano de la iglesia predicó, pero no llamó para orar por otros. Tuve una convicción fuerte de que había necesidad de orar por necesidades. La lucha interior era notable, pues pensaba que eso era cosa mía.

Sin embargo, el pastor había dicho que usáramos los dones. Venciendo la lucha interior, fui y le comuniqué al pastor la convicción que tenía en mi interior e inmediatamente pidió que me dieran el micrófono. Entonces expliqué al grupo la convicción que tenía. Algunos pasaron para recibir oración. Le pregunté si podía orar por ellos. El pastor me delegó esta responsabilidad y fue un tiempo muy bueno después de haber orado. *"Llegue mi oración a tu presencia; Inclina tu oído a mi clamor"* (Salmos 88:2).

Libros y cambios de nivel

A mediados de septiembre del 2014, acordamos con el rector que el hablaría a un grupo de mis estudiantes en relación al cambio del nivel. Me dijo que no necesitaba preparar la lección porque la conferencia tomaría todo el tiempo.

Había decidido no llevar los libros del curso, pero antes de salir de casa, tuve una convicción fuerte de que debería llevarlos. Junto con dicha convicción, surgió el pensamiento de que al no haber preparado la clase, los libros podrían sustituirla. Casi decidí no llevarlos, pero la convicción de llevarlos se aumentó. El Señor sabe y conoce nuestras necesidades.

Entendí por qué debería haberlos llevado cuando llegó el momento de saber que el cálculo del tiempo para la la lección había sido muy diferente. La clase terminó muy rápidamente. Si no hubiera llevado los libros, habría sido difícil saber cómo usar el tiempo restante. El hecho de haber obedecido a la convicción me libró de trances y fue causa de dar gracias al Señor por su ayuda. La luz y verdad de Dios nos guía continuamente (*cf.* **Salmos 43:3**).

Experiencia en Östhammar

A fines de octubre de 2014, un lunes teníamos un seminario de profesores en Östhammar. Cuando terminó el primero, caminé por el pueblo y fui a un supermercado. Al salir del supermercado, encontré una calle peatonal, por la cual habría podido ir a donde creía que tendríamos el seminario siguiente.

Por un momento, pensé que debería ir por una calle diferente para refrescar el cerebro. Era una calle poco concurrida, pero una fuerza mayor me hizo tomar la decisión de ir por esa calle. Sin duda, el Espíritu Santo no se equivoca guiándonos cuando se presenta la necesidad y cuando nos dejamos capitanear por Él recibimos el beneficio.

Cuando ya había caminado un buen tramo, me encontré con tres profesoras y les pregunté por el lugar donde se realizaría el seminario. Me dijeron que no sería ahí, que era en otro el lugar. Pregunté si era lejos y me dijeron que un poco y contesté que no tenía coche. Una de ellas me dijo que podía ir con ellas porque había puestos que sobraban. Caminamos hasta el coche y estaba bastante encerrado debido a que había más coches estacionados.

La conductora dijo que esperáramos un poco para ver si alguno quitaba uno de los vehículos, dejando la vía libre. Pasó el tiempo y nadie vino. Le dije que yo podía dirigirle la salida. Aceptó y, con la ayuda del Señor, dirigí la salida del coche sin que se presentaran dificultades, aunque era muy estrecha. Ella me agradeció por la ayuda y dijo que era bueno cooperar recíprocamente. Contesté que era lo que necesitábamos hacer cuando eso era posible. Por su misericordia nos guía en momentos de necesidad (*cf.* **Isaías. 49:10**).

Correo electrónico

A principios de diciembre del 2014, recibí una carta pidiéndome que contactara entre 20 y 40 empresas por mes preguntando por empleo de tiempo completo. Esto para no perder el seguro de desempleo del 35% del tiempo, ya que tenía trabajo del 65 % de tiempo.

Al leer la carta, sentí una carga enorme. Empecé a preguntarme sobre cómo podría funcionar con el trabajo y responder por los contactos. Oré pidiendo que el Señor Jesucristo me guiara a escribir un correo electrónico a la persona que me envió la carta. El Señor me guio y el correo tuvo efecto positivo. En muy corto tiempo recibí respuesta y los contactos que me exigían fueron reducidos a 4 o máximo 8 por mes. Eso me hizo alabar al Señor y darle gracias por la ayuda casi inmediata. También sentí como si una carga irresistible salió de mí. **Salmos 18:6** dice: *"En mi angustia clamé"*.

Me desperté en tiempo

A mediados de diciembre, salí del trabajo y tomé el bus a casa. Estaba cansado y me dormí durante el trayecto del viaje. Faltaban pocos metros para que el bus llegara al paradero donde debería bajarme, cuando me desperté y alcancé a timbrar antes de que pasara el paradero. Si no me hubiese despertado, tendría que haber ido al paradero siguiente, gastando tiempo y soportando frío extra. El Señor conoce nuestras necesidades en detalle y nos ayuda en cosas aparentemente pequeñas, pero de importancia. El Señor cumple los deseos de nuestro corazón (*cf.* **Salmos 37:4**), cuando son de acuerdo con su voluntad

Obedeciendo a la convicción

A fines de diciembre del 2014, fui a la piscina. Al salir, tenía que tomar el bus. Sentí que debía ir rápido y, justo cuando estaba llegando al paradero, vi que el bus venía. Si no hubiese obedecido a la convicción de caminar rápido, habría tenido que esperar el siguiente bus, perdiendo tiempo de esa forma. Creo que la convicción de ir rápido era puesta por el Señor Jesucristo. Por su misericordia nos guía en diferentes maneras (*cf.* **Isaías. 49:10**).

Viaje a Skärholm

Una ocasión fui a Skärlholm (en el sur de Estocolmo) a practicar guitarra. Había comprado un pasaje para regresar en bus. Tuve la convicción de salir en un momento determinado, sin pensar detenidamente en el horario. Cuando llegué a la estación del metro, no demoró mucho en venir el próximo. Así que lo tomé con destino a la estación, y al llegar a ésta, encontré que había llegado justo en el tiempo correcto para tomar el bus para el cual había comprado el pasaje.

Si me hubiera quedado unos minutos más ensayando, habría perdido el bus que debería tomar, el pasaje y tendría que haber esperado casi una hora y media para tomar el último bus que saldría y llegar de madrugada a la casa. Cuando las convicciones son de Dios, hay que seguirlas aun a costa de las conveniencias o, si no, hay que sufrir las consecuencias. *"Condujiste a tu pueblo como ovejas por mano de Moisés y de Aarón"* (**Salmos 77:20**). Dios nos conduce como ovejas para que no nos frustremos.

Más temprano

En octubre de 2013 tenía una lección en la facultad. Equivocadamente vi el horario, pero el Señor hizo que me fuera bastante temprano pensando que podría estudiar en la facultad antes de la lección. Yendo a la facultad vi a uno de mis compañeros que caminaba desde la estación del tren con dirección a la facultad.

Pensé que él también iba a llegar temprano. Fue causa de agradecer a Dios cuando leí nuevamente el horario y me di cuenta de que la lección empezaría en unos minutos. Comentando en casa concluíamos que el Señor Jesucristo sabe los detalles y nos ayuda a salir de las equivocaciones, esta vez causando que me fuera más temprano a la facultad.. La mano de Dios nos guía en diferentes situaciones (*cf.* **Salmos 139:10**).

La película cristiana proyectada

A principios de mayo del 2014, me encontré con un exalumno que estudió cuando trabajé enseñando en Ljusdal. Hablando con él, me dijo que era responsable de los jóvenes en una iglesia en una ciudad cercana a Ljusdal.

No sé cuándo se convirtió al Señor, pero el hecho de habernos encontrado, para mí fue causa de ánimo, pensando que haberles proyectado la película cristiana cuando estuve trabajando y haber pedido que oraran por los jóvenes había dado resultado y que el encuentro era Dios causándolo para animarme. **Filipenses 4:4** nos recuerda que Dios quiere que nos gocemos y regocijemos: *"Alégrense siempre en el Señor. Insisto: ¡Alégrense!"*.

Capítulo 7
Sección final:
Gratitud por su ayuda

Agradezco inmensamente a todos los que trabajaron y oraron para hacer posible esta producción. Mis agradecimientos son a mis familiares y a los hermanos de la iglesia en Uppsala que directa o indirectamente han sido de mucho apoyo en diferentes formas.

Mucho del precio de este material es para cubrir los gastos de impresión y todos los gastos causados. Los costos de las incontables horas de trabajo para crearlo no están incluidos en el precio, pero es una alegría poder comunicar lo que Dios hace.

Nuestro deseo es que un precio razonable permita que este material esté al alcance de todos.

Una decisión que produce cambios
Desde que decidí aceptar al Señor Jesucristo como el salvador de mi alma, a los 22 años de edad, puedo asegurar que Él fue la causa de poder seguir viviendo. Si no hubiera sido así, mi vida habría terminado en un desastre, o ya no existiría.

Invitación
Si no tiene una relación personal y una comunión continua con Dios, le invito a que acepte al Señor Jesucristo como su Salvador personal.

La oración sencilla que está a continuación es parecida a la oración que hice cuando acepté al Señor Jesucristo como mi Salvador. Esto sucedió después de haber leído un libro que explicaba la vida con Cristo. Yo oré de todo corazón y, desde entonces, la paz, el gozo y la seguridad interior permanecen en mí vida interior hasta hoy.

Si está de acuerdo con lo que he dicho antes, por favor, haga esta oración:

Señor Jesucristo, reconozco que soy pecador y que necesito la salvación. Ahora mismo te pido que perdones todos mis pecados.

Te invito a que te unas a mi espíritu, que me enseñes a vivir para ti y me llene de tu paz y de tu gozo.

Que me llenes de la seguridad total que viene de ti.

Gracias por salvarme ahora mismo y ayudarme a crecer en el conocimiento de Dios. ¡En el nombre de Jesús! Amén.

Si ha hecho esta oración y desea más información acerca de cómo seguir su caminar con Cristo, o si desea comunicarse por alguna razón relacionada con los temas narrados, por favor, póngase en contacto con nosotros.

Permítanos saber cómo este material le fue de ayuda o si desea que oremos por alguna necesidad.